EUROPA-FACHBUCHREIHE
für wirtschaftliche Bildung

PRÜFUNGSVORBEREITUNG AKTUELL

Büro 2.1

Prüfungsvorbereitung Informationstechnisches Büromanagement

Word, PowerPoint, Excel 2010/2013/2016

Gestreckte Abschlussprüfung – Teil 1

Gieske Knop Orth Rother Sieber

4. Auflage

VERLAG EUROPA-LEHRMITTEL
Nourney, Vollmer GmbH & Co. KG
Düsselberger Straße 23
42781 Haan-Gruiten

Europa-Nr.: 76809

Autoren

Anita Gieske — Staudt
Ellen Knop — Oberhausen
Peter Orth — Oberbrechen
Dr. Gabriele Rother — Oberhausen
Michael Sieber — Bayreuth

Verlagslektorat

Anke Hahn

4. Auflage 2018

Druck 5 4 3 2 1

Alle Drucke derselben Auflage sind parallel einsetzbar, da sie bis auf die Behebung von Druckfehlern untereinander unverändert sind.

ISBN 978-3-8085-2474-9

Satz: Grafische Produktionen Jürgen Neumann, 97222 Rimpar

Umschlag: MediaCreativ, G. Kuhl, 40724 Hilden

Druck: Kessler Druck + Medien GmbH & Co. KG, 86399 Bobingen

Vorwort zur 4. Auflage

Die vorliegende **„Prüfungsvorbereitung – Teil 1 Informationstechnisches Büromanagement“** deckt den **Teil 1 der gestreckten Abschlussprüfung** komplett ab. Der Titel umfasst die prüfungsrelevanten Inhalte der **Lernfelder 1 bis 5** (Word – PowerPoint – Excel) und orientiert sich an dem Prüfungskatalog der AkA, der Musterprüfung aus dem Jahr 2015 sowie den bisherigen Abschlussprüfungen.

Der Titel richtet sich an

- Lehrende und Auszubildende im Beruf **Kaufmann/Kauffrau für Büromanagement**,
- Dozentinnen und Dozenten sowie Teilnehmer/-innen von **Fort-** und **Weiterbildungen zum Erwerb unterschiedlicher Qualifikationen** im informationstechnischen Büromanagement.

Diese Prüfungsvorbereitung eignet sich zum Selbststudium ebenso wie zur **unterrichtsbegleitenden Einübung und Vertiefung der Prüfungsinhalte**. Die Lernenden werden darin systematisch und kompetenzorientiert auf die **Frage- und Aufgabenstellungen des ersten Teils der gestreckten Abschlussprüfung** vorbereitet.

Die im **Teil Word 2010/2013/2016 – PowerPoint 2010/2013/2016** enthaltenen Übungen wechseln zwischen motivierenden kleinschrittigeren Fragestellungen und komplexeren handlungsorientierten Aufgaben. Sie orientieren sich an den betrieblichen Abläufen in den **unterschiedlichen Modellunternehmen**, mit denen schon im Buch „Büro 2.1 – Informationsverarbeitung Word – Power-Point“ (sowohl in der Version 2010 als auch 2016) und den anderen Titeln der Reihe gearbeitet wird. Der **Teil Excel**, der auf die Office-Version 2016 abgestellt ist, aber auch mit allen älteren Versionen bearbeitet werden kann, enthält 30 Aufgaben einschließlich ausführlicher Musterlösungen, die eine große Bandbreite betriebswirtschaftlicher Fragestellungen abdecken. Die Aufgaben ermöglichen ein systematisches Einüben der für die Abschlussprüfung relevanten Excel-Kenntnisse und orientieren sich in ihrer Machart und ihrem Anforderungsniveau an der praktischen Prüfung im ersten Teil der Abschlussprüfung. Der **Teil Prüfungssimulation** entspricht mit seinen sechs ganzheitlichen Aufgabenstellungen weitgehend den Anforderungen des ersten Teils der gestreckten Abschlussprüfung. Die Übenden lösen je eine handlungsorientierte Aufgabenstellung und sind in der Lage mithilfe des Punkteschemas eine Note zu bilden. Durch die Lösungen/Lösungsvorschläge auf der CD können die Ergebnisse nachvollzogen werden.

Den Übungen vorangestellt ist eine **Übersicht über alle Aufgaben**. Dieser Übersicht können die Lernenden entnehmen, welche Kompetenzen sie aus welchem Lernfeld durch die jeweilige Aufgabe aktivieren und vertiefen. Zusätzlich erhalten sie Informationen über die technische und inhaltliche Art der Aufgabe. So können gezielt Stärken ausgebaut und Defizite reduziert werden.

Die einzelnen Übungen bestehen aus zwei Teilen. Die Übenden werden durch eine **situativ eingebundene Aufgabenstellung** aufgefordert, ein Schriftstück (z. B. Geschäftsbrief oder interne Mitteilung) mit einer entsprechenden Anlage bzw. eine tabellarische Auswertung (z. B. Tabellen, Diagramm) zu erstellen. Zur Überprüfung sind die Ergebnisse in **gedruckter** sowie in **digitaler Form auf der beiliegenden CD** gut nachvollziehbar. Alle Lösungen sind auf die Office-Version 2016 abgestellt, da die Lösungen der AKA ab der Sommerprüfung 2018 nach dieser Version aufgearbeitet sind.

Ihr Feedback ist uns wichtig.
Ihre Anmerkungen, Hinweise und Verbesserungsvorschläge zu dieser Prüfungsvorbereitung nehmen wir gerne auf. Schreiben Sie uns unter *lektorat@europa-lehrmittel.de*.

Frühjahr 2018 Die Verfasser/-innen

Inhaltsverzeichnis

Lösungen der Prüfungsübungen

Was wollen Sie üben?

Word 2010/2013/2016	Aufgabe 1	Aufgabe 2	Aufgabe 3	Aufgabe 4	Aufgabe 5	Aufgabe 6	Aufgabe 7	Aufgabe 8	Aufgabe 9	Aufgabe 10	Aufgabe 11	Aufgabe 12
Technisch:												
Formatierungen	x			x	x			x		x		x
Tabellen	x		x	x	x	x	x	x	x	x		
Formular						x		x				
Online-Formular	x		x				x					
Flyer		x									x	
Datenaustausch		x					x	x				x
Serienbrief				x							x	
Formulierung:												
Geschäftsbrief						x			x	x		x
Interne Mitteilung		x	x	x	x			x			x	
E-Mail					x			x			x	
Protokoll	x						x					
Thema:												
– Bestellung									x			
– Auftragsbestätigung						x						
– Rechnung	x						x					
– Einladung												x
– Information		x										
– Antwort auf Reklamation										x		
PowerPoint 2010/2013/2016		x										x
Modellunternehmen aus												
Lernfeld 1	x	x										
Lernfeld 2			x	x	x							
Lernfeld 3						x	x	x				
Lernfeld 4									x	x		
Lernfeld 5											x	x

Was wollen Sie üben?

Excel 2010/2013/2016	Aufgabe 1	Aufgabe 2	Aufgabe 3	Aufgabe 4	Aufgabe 5	Aufgabe 6	Aufgabe 7	Aufgabe 8	Aufgabe 9	Aufgabe 10	Aufgabe 11	Aufgabe 12	Aufgabe 13	Aufgabe 14	Aufgabe 15	Aufgabe 16	Aufgabe 17	Aufgabe 18	Aufgabe 19	Aufgabe 20	Aufgabe 21	Aufgabe 22	Aufgabe 23	Aufgabe 24	Aufgabe 25	Aufgabe 26	Aufgabe 27	Aufgabe 28	Aufgabe 29	Aufgabe 30
Erstellen von Tabellen (→ Büro 2.1 Informationsverarbeitung Excel, Kap. 3, S. 16 ff.) LERNFELD 3																														
Eingabe von Text und Zahlen	x	x	x	x	x	x	x	x	x	x	x	x	x	x	x	x	x	x	x	x	x	x	x	x	x	x	x	x	x	x
Eingabe von Formeln und Funktionen	x	x	x	x	x	x	x	x	x	x	x	x	x	x	x	x	x	x	x	x	x	x	x	x	x	x	x	x	x	x
Löschen und Einfügen von Zellen, Zeilen und Spalten	x	x	x	x	x	x	x	x	x	x	x	x	x	x	x	x	x	x	x	x	x	x	x	x	x	x	x	x	x	x
Aus- und Einblenden von Spalten und Zeilen			x	x					x																					
Arbeiten mit mehreren Tabellenblättern	x		x	x			x							x										x						
Formatieren von Tabellen (→ Büro 2.1 Informationsverarbeitung Excel, Kap. 4, S. 28 ff.) LERNFELD 3																														
Rahmen und Hintergrund	x	x	x	x		x	x		x	x	x	x	x	x	x	x	x	x	x	x	x	x	x	x	x	x	x	x	x	x
Spaltenbreite und Zeilenhöhe	x	x	x	x	x	x	x		x	x	x	x	x	x	x	x	x	x	x	x	x	x	x	x	x	x	x	x	x	x
Schrift- und Zahlenformatierungen	x	x	x	x	x	x	x	x	x	x	x	x	x	x	x	x	x	x	x	x	x	x	x	x	x	x	x	x	x	x
%-Format		x		x	x	x	x	x		x	x	x	x			x	x	x	x		x		x		x	x		x	x	x
Zellausrichtung	x	x	x	x	x	x	x	x	x	x	x		x	x	x	x	x	x	x	x	x	x	x	x	x	x	x	x	x	x
Erstellen und Interpretieren von Diagrammen (→ Büro 2.1 Informationsverarbeitung Excel, Kap. 5, S. 37 ff.) LERNFELD 4																														
Festlegen der Diagramm-Quelldaten	x	x	x	x	x		x	x		x	x		x	x	x	x	x		x	x	x			x	x	x	x			x
Diagrammtyp Liniendiagramm	x	x												x						x				x			x			
Diagrammtyp Kreisdiagramm		x						x							x						x				x					
Diagrammtyp Säulen-/Balkendiagramm			x	x	x		x			x	x		x			x	x		x							x				x
Diagrammgestaltung	x	x	x	x	x			x		x	x		x	x	x	x	x		x	x	x			x	x	x	x			x
Nachbearbeitung des Diagramms	x	x		x				x		x	x		x	x	x	x	x		x	x	x			x	x					x

Excel 2010/2013/2016	Aufgabe 1	Aufgabe 2	Aufgabe 3	Aufgabe 4	Aufgabe 5	Aufgabe 6	Aufgabe 7	Aufgabe 8	Aufgabe 9	Aufgabe 10	Aufgabe 11	Aufgabe 12	Aufgabe 13	Aufgabe 14	Aufgabe 15	Aufgabe 16	Aufgabe 17	Aufgabe 18	Aufgabe 19	Aufgabe 20	Aufgabe 21	Aufgabe 22	Aufgabe 23	Aufgabe 24	Aufgabe 25	Aufgabe 26	Aufgabe 27	Aufgabe 28	Aufgabe 29	Aufgabe 30
Interpretation des Diagramms	✗	✗	✗	✗	✗			✗		✗	✗		✗	✗	✗	✗	✗		✗	✗	✗			✗	✗	✗	✗			✗
Textfeld einfügen	✗	✗	✗	✗	✗	✗		✗	✗	✗	✗	✗	✗	✗	✗	✗	✗	✗	✗	✗	✗	✗	✗	✗	✗	✗	✗	✗	✗	✗
Drucken von Tabellen und Diagrammen (→ Büro 2.1 Informationsverarbeitung Excel, Kap. 6, S. 50 ff.) LERNFELD 3																														
Layoutgestaltung in der Seitenansicht	✗	✗	✗	✗	✗	✗	✗	✗	✗	✗	✗	✗	✗	✗	✗	✗	✗	✗	✗	✗	✗	✗	✗	✗	✗	✗	✗	✗	✗	✗
Druckbefehl	✗	✗	✗	✗	✗	✗	✗	✗	✗	✗	✗	✗	✗	✗	✗	✗	✗	✗	✗	✗	✗	✗	✗	✗	✗	✗	✗	✗	✗	✗
Nützliche Techniken (→ Büro 2.1 Informationsverarbeitung Excel, Kap. 7, S. 53 ff.) LERNFELD 3 und 4																														
Zeilenumbruch	✗		✗	✗						✗	✗																	✗	✗	✗
Automatisches Ausfüllen	✗													✗																
Absolute und relative Zelladressierung						✗	✗			✗			✗				✗		✗	✗		✗	✗	✗	✗	✗	✗	✗	✗	✗
Sortieren von Daten			✗				✗		✗	✗									✗							✗		✗		
Filtern von Daten			✗						✗										✗											
Rechtschreibprüfung		✗																												
Funktionen (→ Büro 2.1 Informationsverarbeitung Excel, Kap. 8, S. 62 ff.) LERNFELD 4																														
Summe	✗	✗	✗	✗	✗	✗	✗	✗	✗	✗		✗	✗		✗		✗	✗	✗	✗	✗	✗	✗	✗	✗	✗	✗	✗	✗	✗
Max/Min			✗		✗												✗													
Mittelwert			✗		✗					✗	✗			✗			✗													
Anzahl, Anzahl2, Runden, Aufrunden, Abrunden, Ganzzahl, Kürzen, Rang	✗						✗		✗	✗							✗													
Wenn, Und, Oder, Nicht, Zählenwenn, Summewenn	✗						✗		✗	✗								✗	✗				✗					✗	✗	
SVerweis, WVerweis							✗																			✗		✗	✗	✗
Datums- und Uhrzeitfunktionen																												✗		

Prüfungsmodalitäten

Mit dem neuen Ausbildungsberuf „Kaufmann/-frau für Büromanagement" wurden die bisherigen Berufe „Bürokaufmann/-frau", „Kaufmann/-frau für Bürokommunikation" und „Fachangestellte(r) für Bürokommunikation" zu einem einzigen Beruf zusammengefasst. Die Beherrschung einer Textverarbeitungs- und einer Tabellenkalkulationsoftware gehörten seit jeher zu dem Qualifikationsspektrum der Büroberufe und wurden in den „alten" Büroberufen im Rahmen der praktischen Prüfung im Prüfungsfach „Informationsverarbeitung" geprüft. Die Prüfungsinhalte sind im „neuen" Büroberuf zwar erhalten geblieben, die Prüfungsmodalitäten haben sich jedoch formal und inhaltlich geändert.

Für den neuen Ausbildungsberuf „Kaufmann/-frau für Büromanagement" wurde eine gestreckte Abschlussprüfung eingeführt. Rechtliche Grundlage dafür ist die „Verordnung über die Berufsausbildung zum Kaufmann für Büromanagement und zur Kauffrau für Büromanagement" (Stand 01.07.2013) in Verbindung mit dem Berufsbildungsgesetz. In der Verordnung wird für den Prüfungsbereich Informationstechnisches Büromanagement vom Auszubildenden u. a. der Nachweis gefordert, „dass er grundlegende Fertigkeiten und Kenntnisse von Bürokommunikationstechniken erworben hat." Damit sind neben der Textformulierung und formgerechten Briefgestaltung grundlegende Kenntnisse in der Textverarbeitung und in der Tabellenkalkulation gemeint.

Zur Mitte des 2. Ausbildungsjahres wird als Teil 1 der gestreckten Abschlussprüfung das Fach „Informationstechnisches Büromanagement" geprüft. Diese Prüfung dauert 120 Minuten und zählt 25 % zum Gesamtergebnis. Der Prüfling soll in dieser Prüfung gemäß der Ausbildungsordnung nachweisen, dass er „unter Anwendung von Textverarbeitung sowie Tabellenkalkulation recherchieren, dokumentieren und kalkulieren kann". Die Prüfung enthält daher einen komplexen Arbeitsauftrag, der mithilfe der Textverarbeitung und Tabellenkalkulation am Rechner gelöst wird. Inhaltlich bezieht sich die Prüfung auf die Themenschwerpunkte „Büroprozesse" und in Teilen aus den „Geschäftsprozessen" (z. B. Angebotsvergleich, Urlaubsliste, Bestellvorgang, Mahnung). Der Prüfling soll dokumentenübergreifend arbeiten. Nicht kleinschrittige Teilaufgaben, sondern ein „ganzheitliches Endprodukt" soll im Mittelpunkt stehen. Um Schritt für Schritt an die Arbeit mit Excel heranzuführen und Funktionalitäten und den sinnvollen Einsatz von Formeln systematisch einzuüben, werden in den Prüfungsübungen dieses Buches dennoch auch kleinschrittige Arbeitsaufträge erteilt.

Nachdem in der überwiegenden Mehrzahl der Betriebe mit dem Office-Paket von Microsoft gearbeitet wird, kommen in der Abschlussprüfung fast flächendeckend die Programme Excel und Word zum Einsatz. Die entsprechenden Aufgaben beschäftigen sich insbesondere mit den Gebieten Bürowirtschaft, Wirtschaftslehre, Statistik, Rechnungswesen und Personalwirtschaft.

Die Lösungen für Word sind in der Version 2016 angegeben, können aber auch in 2013 oder 2010 geöffnet und bearbeitet werden.

Dem Prüfling werden in der Prüfung Dateien mit Datenmaterial (z. B. Daten über Lieferanten, Artikel, Kunden u. Ä.) vorgegeben, das nach bestimmten Kriterien weiterverarbeitet werden soll. Damit tritt der reine Eingabeaufwand in den Hintergrund, da die Rohdaten bereits vorliegen. In den Prüfungsübungen dieses Buches wird diesem Umstand insofern Rechnung getragen, dass es neben der Handhabe, alle Daten selbst einzugeben (was zu Übungszwecken durchaus sinnvoll sein kann) auch möglich ist, eine Datei mit den bereits eingegebenen Rohdaten von der beigelegten CD zu laden (Aufgabendateien) und dann entsprechend der einzelnen Arbeitsaufträge der Prüfungsübungen weiterzubearbeiten. Auch die Lösungen der Prüfungsübungen liegen sowohl in gedruckter als auch in digitaler Form vor.

Prüfungsübungen

Teil A: TEXTVERARBEITUNG
Word, PowerPoint
2010/2013/2016

Teil B: TABELLENKALKULATION
Excel 2010/2013/2016

Teil C: PRÜFUNGSSIMULATION

Teil A: Prüfungsübungen Word, PowerPoint 2010/2013/2016

Aufgabe 1: Präsentationsregeln und Feedbackbogen

Situation

Sie sind Mitarbeiter/-in der Personalabteilung der Wohntal GmbH, Hauptstraße 7 in 33604 Bielefeld. Von der Personalleitung erhalten Sie den Auftrag, für die Auszubildenden des Unternehmens ein Script zu erstellen. Dieses Script soll den Auszubildenden der Wohntal GmbH grundlegende Informationen zum Anfertigen von PowerPoint-Präsentationen geben.

Zusätzlich sollen Sie einen Feedbackbogen entwickeln, der für die Bewertung von Präsentationen im Unternehmen geeignet ist. Durch systematisch eingeholte, regelmäßige Rückmeldungen soll sich die Präsentationsfähigkeit der Referentinnen und Referenten stetig verbessern.

Übung

Arbeitsanweisungen

1. Teil: Script erstellen

- Öffnen Sie in Word ein leeres Dokument.
- Verändern Sie den rechten und den linken Seitenrand jeweils auf 2 cm und verwenden Sie die Schriftart Arial, 12 pt.
- Fügen Sie das Logo der Wohntal GmbH in der Kopfzeile ein.
- Erfassen Sie im Dokument die Überschrift „Präsentationsregeln“ in einem WordArt-Text Ihrer Wahl (Farbe blau, 20 pt).
- Formulieren Sie die Informationen zu Punkt 1 + 3 der Präsentationsregeln in ganzen Sätzen und achten Sie auf gute Ausdrucksformen. Verwenden Sie folgende Stichpunkte sowie die vorgegebene Gliederung für Ihre Formulierung:

  1 Aufbau und Struktur
  1.1 Einleitung
  1.2 Hauptteil
  1.3 Schluss
  } *ausformuliert*

  2 Möglichkeiten der Visualisierung → *stichpunktartig*

  3 Vortrag
  3.1 Vorbereitung
  3.2 Durchführung
  } *ausformuliert*

  } *Verwenden Sie für die Aufzählungen und die dazugehörigen Texte die Farbe rot.*

- Gestalten Sie die Stichpunkte unter Aufzählungspunkt 2 „Möglichkeiten der Visualisierung“ durch unterschiedliche Hervorhebungsarten (z. B. fett …).
- Fügen Sie mindestens 2 zum Thema passende grafische Elemente ein.
- Verwenden Sie einen einfachen Zeilenabstand (= 12 pt).
- Erfassen Sie einzeilig die Fußzeile wie folgt:
  linksbündig: Erstellt von: eigener Name
  rechtsbündig: aktualisierbares Datum
  } *Formatierung: Arial, 8 pt*
- Speichern Sie das Script unter dem Dateinamen **Script_Nachname** und drucken Sie es einmal aus.

Arbeitsanweisungen (Fortsetzung)

2. Teil: Feedbackbogen als Online-Formular erstellen und ausfüllen

- Öffnen Sie in Word ein leeres Dokument.
- Erstellen Sie den Feedbackbogen als Online-Formular mit geeigneten Formularfeldern. Achten Sie auf eine optisch ansprechende Darstellung.
- Arbeiten Sie mit der Schriftart Arial, wählen Sie die Schriftgröße angemessen.
- Verändern Sie den oberen Seitenrand auf 4,5 cm und den unteren auf 1,5 cm.
- Erfassen Sie links oben den Text **„zurück an"**. Formatieren Sie diesen Text in Arial, 8 pt, fett. Weisen Sie dem Vermerk „zurück an" eine Fußnote (am Seitenende) zu. Der Text der Fußnote lautet: Freiumschlag ist beigefügt (Formatierung Arial, 8 pt, fett). Im Text tragen Sie nach drei Leerzeilen unter „zurück an" die Adresse der Wohntal GmbH Bielefeld für die Rücksendung des Feedbackbogens ein.
- Fügen Sie rechts neben der Adresse ein passendes grafisches Element ein.
- Übernehmen Sie in der Kopfzeile untereinander die Angaben: Vorname Nachname
aktualisierbares Datum
- Übernehmen Sie für die Kopfzeile die Formatierungen: Schriftart Arial, Schriftgröße 8 pt, Fettdruck, rechtsbündig.
- Erstellen Sie mithilfe der Tabellenfunktion einen Feedbackbogen zur Bewertung von Präsentationen.
- Beachten Sie dabei die Gestaltungsregeln für Tabellen nach DIN 5008.
- Geben Sie der Tabelle eine Gesamtüberschrift und benennen Sie die einzelnen Spalten mit Überschriften. Beispielhaft könnte das Formular folgende Spaltenüberschriften tragen:
  Spalte 1: Bewertungskriterien
  Spalte 2: Bewertung in Schulnoten
- Verwenden Sie an geeigneten Stellen Schattierungen zur Strukturierung der Tabelle.
- Benutzen Sie die Möglichkeiten zur normgerechten Ausrichtung von Tabellenzellen.
- Fügen Sie geeignete Formularsteuerelemente ein. Berücksichtigen Sie folgende Stichpunkte:
  - **Inhalt der Präsentation** (mind. 2 Bewertungskriterien)
  - **Persönliche Darbietung durch die Moderatorin/den Moderator** (mind. 2 Bewertungskriterien)
  - **Optische Darbietung** (mind. 3 Bewertungskriterien)
  - **Hinweise, Ergänzungen, Verbesserungsvorschläge etc.** (3 Zeilen vorsehen)
- Ergänzen Sie in der Tabelle an geeigneten Stellen mind. 2 grafische Elemente zur optischen Gestaltung.
- Speichern Sie das Formular unter dem Dateinamen **Feedbackbogen_blanko_Nachname** und drucken Sie das Formular einmal aus.
- Verwenden Sie anschließend das Formular und tragen Sie im oberen Formularbereich Ihre Daten ein.
- Füllen Sie das Formular zu jedem Kriterium (Inhalt – Persönliche Darbietung durch die Moderatorin/den Moderator – Optische Darbietung) nach Ihren Vorstellungen aus.
- Speichern Sie das ausgefüllte Formular unter dem Namen **Feedbackbogen_ausgefüllt_Nachname**. Drucken Sie das ausgefüllte Formular einmal aus.

Aufgabe 2: Informationsbeschaffung im Internet

Situation

Sie sind Mitarbeiter/-in der Abteilung Marketing der Wohntal GmbH in Bielefeld. Hans Kaufmann ist Ihr Vorgesetzter und Abteilungsleiter. Sie haben Artvollmacht.

Die Wohntal, ein Unternehmen der Möbelbranche, bietet ihren Besuchern auf zwei Ebenen mit insgesamt 12 000 m² Verkaufsfläche eine attraktive Auswahl moderner Wohnmöbel und das größte Büromöbelzentrum der Region an. 250 Mitarbeiterinnen und Mitarbeiter arbeiten für die Wohntal. Davon sind 18 Auszubildende in gewerblichen und kaufmännischen Ausbildungsberufen tätig.

Ihr Chef hat auf der letzten internen Marketingtagung über die Bewertung von Informationen aus dem Internet einen Vortrag gehalten (siehe unten). Er bittet Sie, aus dieser Präsentation für alle Auszubildenden des Unternehmens einen Flyer zu erstellen. Die Auszubildenden sollen damit ein Instrument systematischer und zielgerichteter Informationsbeschaffung an die Hand bekommen. Diesen Flyer sollen Sie den Auszubildenden mit einer internen Mitteilung zukommen lassen. Sollten die Auszubildenden Interesse haben, können sie auch ein Seminar zur Vertiefung ihres Wissens besuchen.

Die Power-Point-Präsentation von Herrn Kaufmann:

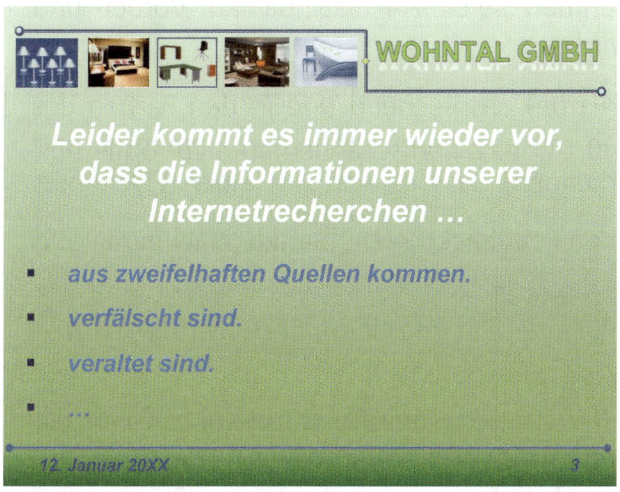

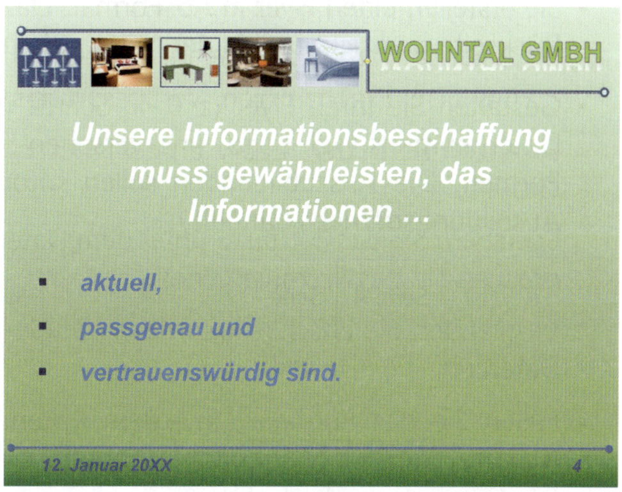

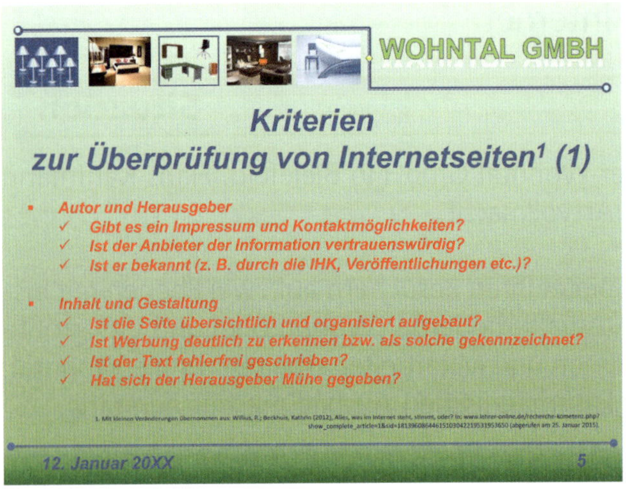

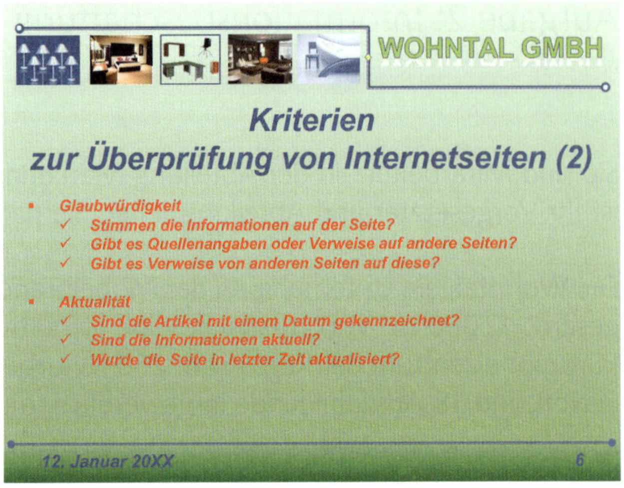

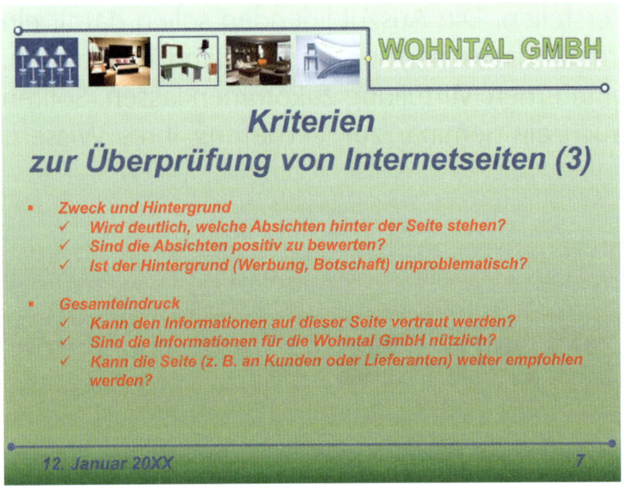

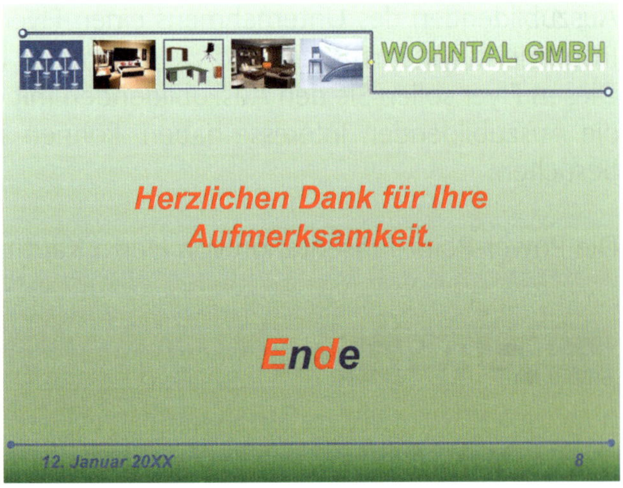

Übung

Arbeitsanweisungen

1. Teil: Flyer

- Öffnen Sie in Word ein leeres Dokument. Nutzen Sie es im Querformat.
- Sie erstellen einen Flyer in A5-Format. Dazu nehmen Sie ein A4-Blatt, das auf Vorder- und Rückseite bedruckt und in der Mitte gefaltet wird.
- Gestalten Sie Ihren Flyer (z. B. in Schrift und Farbe) ansprechend und in den Farben des Unternehmens (vgl. Logo) und versehen Sie ihn mit passenden grafischen Elementen und Formen. Die Auszubildenden sollen sofort erkennen, dass es sich um einen Flyer ihres Ausbildungsbetriebs handelt.

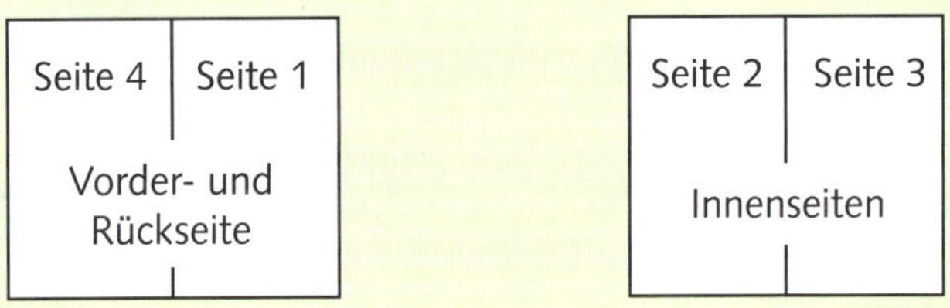

- Die Seitenränder verändern Sie auf links/unten/rechts: 1 cm und oben: 1,5 cm. Formatieren Sie das Blatt zweispaltig mit einem Abstand von 2 cm.

Arbeitsanweisungen (Fortsetzung)

- Die vier Seiten Ihres Flyers gestalten Sie folgendermaßen:
  - Seite 1 erhält einen geeigneten Titel und den Namen und die Funktion des Autors (identisch mit dem der PowerPoint-Präsentation). Zusätzlich bringen Sie in der letzten Zeile in kleiner Schrift folgenden Vermerk an: linksbündig: Gestaltet von: *Eigener Name* und rechtsbündig: Stand: *aktuelles Datum*. Fügen Sie im oberen Bereich den Schriftzug der Wohntal GmbH ein.
  - Auf Seite 2 benennen Sie in ganzen Sätzen zwei Argumente, warum es dem Unternehmen Wohntal GmbH so wichtig ist, dass ihre Auszubildenden Informationen von Internetseiten so kritisch prüfen.
  - Seite 3 und 4 erhalten die Informationen aus der PowerPoint-Präsentation „Richtig recherchieren im Internet". Übernehmen Sie jeweils die Überschrift und drei Hauptgliederungspunkte auf jeder Seite.
  - Fügen Sie geeignete Grafiken ein.
- Speichern Sie den Flyer unter dem Dateinamen **Flyer_Nachname** und drucken Sie ihn einmal aus.

2. Teil: Interne Mitteilung

- Erstellen Sie eine interne Mitteilung. Formulieren Sie dabei in ganzen Sätzen. Achten Sie auf eine angemessene Ausdrucksweise.
- Öffnen Sie dafür ein leeres Dokument und speichern Sie es unter **Interne Mitteilung Azubis_Nachname**.
- Ändern Sie den rechten Seitenrand auf 1 cm.
- Fügen Sie das Logo der Wohntal GmbH ein und positionieren Sie es in der Kopfzeile Ihres Dokuments.
- Als Schriftart wählen Sie Arial, 12 pt.
- Verwenden Sie im Kopf die Leitwörter **„an – von – Thema – Datum"**. Nutzen Sie für Ihre Angaben Tabulatoren. Rahmen Sie den gesamten Block mit jeweils oberhalb und unterhalb einer Linie.
- Füllen Sie die Kopfangaben gemäß der Situationsbeschreibung vollständig aus.
- Finden Sie eine gute Einleitung für Ihr Anliegen.
- Gehen Sie im Hauptteil Ihres Schreibens besonders auf folgende Punkte ein:
  - eine systematische Kontrolle der Internetseiten ist wichtig
  - Flyer (Titel des Flyers) beifügen
  - Checkliste mit Kriterien zur Überprüfung von Internetseiten auf Seite 3 und 4 des Flyers
  - Checkliste bei Recherchen immer nutzen
  - bei weiterem Bedarf Anmeldung zu einem Seminar (Datum, Titel und Ort des Seminars selber bilden)
- Beenden Sie Ihren Brief mit einem passenden Schlusssatz.
- Speichern Sie Ihr Ergebnis und drucken Sie es einmal aus.

Aufgabe 3: Mitarbeiterbefragung

Situation

Sie sind Mitarbeiter/-in in der Blue Design GmbH, Mannheim. Die letzte Mitarbeiterbefragung hat ergeben, dass sich 67 % der Mitarbeiterinnen und Mitarbeiter für einen Betriebskindergarten ausgesprochen haben. In der letzten Sitzung haben der Geschäftsführer der Blue Design GmbH, Herr Blau, und die Betriebsräte, Frau Kettel und Herr Tauber, entschieden, über einen Fragebogen die genauen Bedürfnisse und Wünsche der betroffenen Eltern sowie konkrete organisatorische Fragen zu klären.

Herr Tauber bittet Sie, eine interne Mitteilung an Herrn Blau und Frau Kettel zu schreiben, in der Sie über den Sachverhalt informieren. Den Fragebogen für die Mitarbeiter/-innen entwerfen Sie nach seinen Anweisungen und fügen ihn der Mitteilung bei.

Übung

Arbeitsanweisungen

1. Teil: Erstellen der internen Mitteilung

- Öffnen Sie ein neues Dokument und ändern Sie den rechten Seitenrand auf 1 cm. Speichern Sie das Dokument unter dem Namen **Interne Mitteilung Betriebskindergarten**.
- Fügen Sie das Logo der Blue Design GmbH ein und positionieren Sie es im oberen Bereich des Dokumentes.
- Verwenden Sie für die Kopfangaben **„an – von – Thema – Datum“** die Tabellenfunktion.
- Füllen Sie die Kopfangaben gemäß der Situationsbeschreibung vollständig aus. Beachten Sie, dass die Gleichstellungsbeauftragte der Blue Design GmbH, Frau Mallmanns, zum Empfängerkreis gehört.
- Berücksichtigen Sie beim Formulieren des Sachverhaltes folgende inhaltliche Aspekte:
  - Entwurf „Fragebogen Betriebskindergarten“ wird beigefügt
  - Kosten für die Betreuung eines Kindes liegen bei ca. 400 € jährlich
  - für Geschwisterkinder ist eine Ermäßigung vorgesehen
  - die Höhe der Ermäßigung muss noch festgelegt werden
  - geplantes Zusatzangebot: Sporterziehung, Musikunterricht, Pflanzenkunde und Sprachunterricht
  - bei der Auswahl des Sprachangebotes sollen die Wünsche der Mitarbeiter/-innen einfließen
  - bitten Sie um Durchsicht des Fragebogens und um Mitteilung von Ergänzungen bzw. Änderungswünschen bis zur nächsten Monatssitzung (Termin selbst bilden)
- Fügen Sie an geeigneter Stelle eine zum Thema passende Grafik oder ein geeignetes grafisches Element ein.
- Erstellen Sie einen normgerechten Abschluss Ihrer internen Mitteilung mit Gruß, Namenswiederholung und Anlagenvermerk.
- Speichern Sie die komplette Bearbeitung erneut unter dem vorgegebenen Namen.

Arbeitsanweisungen (Fortsetzung)

2. Teil: Erstellen des Fragebogens

- Öffnen Sie die Schülerdatei **Fragebogen Betriebskindergarten**.
- Verwenden Sie die Schriftart Arial, 10 pt soweit nichts anderes angegeben.
- Fügen Sie über der Tabelle das Logo der Blue Design GmbH ein.
- Erstellen Sie zwischen dem Logo und den bereits vorhandenen Angaben in WordArt den Text **Fragebogen zum Betriebskindergarten**. Verwenden Sie eine blaue Farbe.
- Achten Sie auf normgerechte Absatzgestaltung.
- Fügen Sie an einer geeigneten Position eine passende Grafik ein.
- Setzen Sie hinter die Angabe „Mitarbeiter/-in:" ein geeignetes Formularfeld und hinter die Angabe „Abteilung:" ein Formularfeld für die Auswahlmöglichkeiten der Abteilungen: Corporate Design, Printmedien, Events/Messen, Digitale Medien/Internet, Verwaltung.
- Erfassen Sie nachfolgende Texte (in Fettdruck) in der **ersten Spalte**:

  Zeile 1: Besteht Interesse an der Einrichtung eines Betriebskindergartens?

  Zeile 2: Anzahl der zu betreuenden Kinder

  Zeile 3: Altersgruppe der zu betreuenden Kinder

  Zeile 4: Betreuungszeit

  Zeile 5: Verpflegungswunsch

  Zeile 6: Zusatzangebot

  Zeile 7: Besondere Anregungen/Wünsche

  Zeile 8: Datum, Unterschrift
- Verändern Sie für alle Zeilen die Zeilenhöhe auf 2,4 cm. Zentrieren Sie alle Zellen vertikal.
- Erfassen Sie in der ersten Zeile in Spalte 2 den Text „ja" und in Spalte 3 den Text „nein". Vor beide Texte fügen Sie ein Ankreuzkästchen als Formularfeld ein und zentrieren Sie beide Zellen horizontal.
- Verbinden Sie in Zeile 2 „Anzahl der zu betreuenden Kinder" die Spalten 2 und 3 und fügen Sie ein geeignetes Formularfeld ein.
- Fügen Sie in den **Spalten 2 und 3** für folgende Zeilen Formularfelder (Ankreuzkästchen) ein:

  Zeile 3: Altersgruppe der zu betreuenden Kinder

  Zeile 4: Betreuungszeit

  Zeile 5: Verpflegungswunsch

  Zeile 6: Zusatzangebot
- Verbinden Sie in Zeile 7 und 8 die Spalten 2 und 3 und fügen Sie ein geeignetes Formularfeld ein.
- Schützen Sie das Formular und speichern Sie es mit den Änderungen.

Aufgabe 4: Arbeitsplatzgestaltung

Situation

Sie sind Assistent/-in der Geschäftsleitung der Werbeunternehmung Blue Design GmbH in Mannheim. Die Geschäfte laufen gut und die Blue Design ist gewachsen. Deshalb muss das Unternehmen unbedingt in größere Büros umziehen. Herr Blau, der Geschäftsführer, ist froh, dass er passende Räumlichkeiten in einem Neubau direkt in der City von Mannheim finden konnte. Der Innenausbau kann von der Blue Design GmbH noch gestaltet und an die Bedürfnisse des Unternehmens angepasst werden. Herr Blau bittet Sie, alle Führungskräfte und den Betriebsrat (siehe Tabelle) zu einer Tagesveranstaltung einzuladen. Gemeinsam will man klären, ob die Abteilungen prinzipiell in Großraumbüros untergebracht werden oder ob alle Mitarbeiter/-innen Einzelbüros erhalten. Herr Blau bittet Sie, das Führungsteam und die beiden Betriebsräte mit einem persönlichen Schreiben einzuladen und als Entscheidungsgrundlage und Vorbereitung auf die Tagung ein Informationsblatt zum anstehenden Thema zu erstellen.

Teilnehmer/-innen	Funktion
Frau Marie-Sophie Marx	Leiterin Corporate Design
Herr Jan Hausmann	Leiter Printmedien
Herr Mark Kuhlert	Leiter Digitale Medien/Internet
Herr Paul Peters	Leiter Events/Messen
Herr Ron Tauber	Betriebsrat
Frau Leila Kettel	Betriebsrätin

Übung

Arbeitsanweisungen

1. Teil: Gestalten eines Informationsblattes

- Öffnen Sie in Word ein leeres Dokument.
- Fügen Sie den Schriftzug der Blue Design GmbH in der Kopfzeile ein.
- Erstellen Sie eine Tabelle mit 7 Zeilen und 2 Spalten. Die Schriftart ist Arial und grundsätzlich 12 pt.

  1. Tabellenzeile: Verbinden Sie die beiden Zellen. Fügen Sie in Schriftgröße 24, fett, zentriert, einen passenden Titel für die Tabelle ein. Die Zellenhöhe verändern Sie auf 2 cm.

  2. und 5. Tabellenzeile: Verbinden Sie die beiden Zellen. Fügen Sie fett und zentriert das Wort „Großraumbüro" bzw. „Einzelbüro" ein. Die Zellenhöhe verändern Sie auf 1 cm.

  3. und 6. Tabellenzeile: Fügen Sie fett und zentriert jeweils links „Vorteile" und rechts „Nachteile" ein. Die Zellenhöhe verändern Sie auf 1 cm.

  4. und 7. Tabellenzeile:
  - Beschreiben Sie – in ganzen Sätzen – jeweils zwei Vor- und zwei Nachteile für jede Raumform. Als Aufzählungszeichen nehmen Sie für die Vorteile lachende Smileys = ☺, für die Nachteile Smileys mit heruntergezogenen Mundwinkeln = ☹. Zwischen den einzelnen Aufzählungen lassen Sie 12 pt Platz.
  - Ein zusätzliches Aufzählungszeichen mit drei Auslassungspunkten dahinter wird für individuelle Aufzeichnungen gesetzt. Die Zellenhöhe verändern Sie auf 6 cm.
  - Gestalten Sie die Absätze normgerecht.
- Zentrieren Sie die Inhalte der Tabellenzeilen 1, 2, 3, 5 und 6 vertikal.

Arbeitsanweisungen (Fortsetzung)

- Färben Sie die gesamte Tabelle Blau, Akzent 1, heller 60 % ein.
- Gestalten Sie die Tabelle zusätzlich zu den inneren Linien mit einem äußeren Rahmen aus zwei Linien, mittelblau, 1 ½ pt.
- Fügen Sie zwei passende Grafiken an angemessener Stelle ein.
- Die Fußzeile (einzeilig) enthält in Schriftgröße Arial, 8 pt, fett, mittelblau:
  linksbündig: Name, Vorname
  rechtsbündig: Pfad + Dateiname (als Feldfunktion)
- Setzen Sie über die Zeile einen mittelblauen Strich.
- Speichern Sie Ihr Ergebnis unter **Informationblatt_Nachname** und drucken Sie es einmal aus.

2. Teil: Erstellen einer internen Mitteilung als Serienbrief

a) Vorarbeit

- Öffnen Sie in Word ein neues Dokument. Erstellen Sie für einen Serienbrief eine geeignete Datenquelle in Arial, 12 pt. Nutzen Sie dafür die Angaben aus der Tabelle auf der vorhergehenden Seite.
- Fügen Sie eine linksbündige Fußzeile (Arial, 8 pt, fett) mit folgenden Inhalten ein:
  Name
  aktuelles Datum
  Dateiname (als Feldfunktion)
- Speichern Sie Ihre Datenquelle unter **Interne Mitteilung_Datenquelle_Nachname**.

b) Erstellung des Serienbriefs

- Öffnen Sie in Word ein neues Dokument und ändern Sie den rechten Seitenrand auf 1 cm. Speichern Sie das Dokument unter dem Namen **Interne Mitteilung_Hauptdokument_Nachname**.
- Fügen Sie das Logo der Blue Design GmbH ein und positionieren Sie es im oberen Bereich des Dokuments.
- Verwenden Sie für die Kopfangaben **„an – von – Thema – Datum"**. Rahmen Sie diese Angaben mit einer blauen Linie oberhalb (mit Leerzeile) und unterhalb (mit Leerzeile).
- Schreiben Sie die Einladung an alle Führungskräfte und die beiden Mitglieder des Betriebsrats als Serienbrief. Nutzen Sie sowohl für die Namen als auch die Funktionen Seriendruckfelder. Erstellen Sie die Anrede im Brieftext mit einer Bedingung.
- Formulieren Sie die interne Mitteilung in ganzen Sätzen, nicht stichwortartig. Achten Sie auf eine gute Ausdrucksweise und übersichtliche Darstellung:
  Berücksichtigen Sie die Angaben der Situation und gehen Sie dabei besonders auf die folgenden Punkte ein:
  - neue Geschäftsräume in einem Neubau in der City von Mannheim gefunden
  - der Innenausbau kann mitgestaltet werden
  - Entscheidung zwischen Großraumbüros oder Einzelbüros
  - Entscheidung gemeinsam treffen
  - Einladung zu einer Tagesveranstaltung im Hotel „Akandor", Goethestraße 1 in 68161 Mannheim (Datum und Uhrzeit selbst bilden)
  - (Geben Sie drei Gestaltungshinweise/Informationen zum Ablauf der Tagung.)
  - als Anlage eine Entscheidungshilfe zum Thema
- Speichern Sie das Dokument.
- Drucken Sie es einmal mit Feldfunktionen aus. Drucken Sie zusätzlich die Einladung an Herrn Kuhlert aus.

Aufgabe 5: Entwicklung eines Ordnungssystems

Situation

Sie sind in der Verwaltung der Werbeunternehmung Blue Design GmbH in Mannheim tätig. Die Blue Design GmbH ist ein wachsendes Unternehmen. Viele Aufgaben, die früher jede Mitarbeiterin und jeder Mitarbeiter nach bestem Wissen durchgeführt hat, sollen heute einheitlich wahrgenommen werden. Die Geschäftsführung erhofft sich davon eine Effizienzsteigerung in den Arbeitsabläufen. Heute Morgen haben Sie von Ihrem Vorgesetzten aus der Verwaltung, Herrn Berg, eine E-Mail (j.berg@bluedesign.de) mit folgendem Text erhalten:

> **„Ich habe festgestellt, dass in unserer Abteilung jede Mitarbeiterin und jeder Mitarbeiter ihre/seine Unterlagen anders ablegt. Besonders bei Vertretungen ist dies problematisch, weil der vertretende Kollege nicht weiß, wo er die benötigten Schriftstücke finden kann. Wieviel Zeit wir schon fürs Suchen gebraucht haben! Wir müssen unbedingt ein Ordnungssystem für die Blue Design GmbH entwickeln, das einheitlich ist! Ich möchte gerne auf der nächsten Abteilungsleiterkonferenz ein solches Ordnungssystem vorstellen. Bitte schicken Sie mir doch – ganz unkompliziert – eine E-Mail mit Ihrem Vorschlag. Eine Kopie können Sie direkt an meine Kollegin, Frau Breitenbacher (k.breitenbacher@bluedesign.de), schicken."**

Übung

Arbeitsanweisungen

1. Teil: Gestalten eines Informationsblattes zur Aufbewahrung von Schriftgut

- Öffnen Sie in Word die Datei **Abgabenordnung**.
- Löschen Sie anschließend alle Textpassagen außer
  - dem Titel
  - die 3 Zeilen unterhalb des Titels
  - den Paragraphen 147 (1), (2), (3) und (4)
- Verwenden Sie für den gesamten Text die Schriftart Calibri.
- Den Titel gestalten Sie in Schriftgröße 24 pt, fett, horizontal zentriert mit einem schwarzen Rahmen und einer Schattierung (orange, Akzent 6, heller 40 %).
- Fügen Sie an den Titel ein Fußnotenhinweiszeichen an. Die Fußnote in Schriftgröße 9 pt soll am Seitenende angeordnet sein. Der Text der Fußnote lautet (es handelt sich um Zeile 2 bis 4 des Urspungstextes):

  In der Fassung der Bekanntmachung vom 01.10.2002 (BGBl. I S. 3866, ber. 2003 I S. 61); zuletzt geändert durch Gesetz vom 22.12.2014 (BGBl. I S. 2417) m. W. v. 31.12.2014; Stand: 01.01.2015 aufgrund Gesetzes vom 22.12.2014 (BGBl. I S. 2415)
- Die Überschrift des Paragraphen 147 gestalten Sie in 16 pt, fett in der Farbe orange, Akzent 6, dunkler 25 %).
- Formatieren Sie die Absätze DIN-gerecht.
- Formatieren Sie die Absätze (1) bis (4) als hängende Absätze mit einem Sondereinzug von 0,8 cm.
- Die Aufzählungen in Absatz (1) und Absatz (2) versehen Sie auch als hängende Absätze mit einem Sondereinzug von 0,8 cm und einem Einzug links von 0,8 cm.

Arbeitsanweisungen (Fortsetzung)

- Fügen Sie in der Kopfzeile rechtsbündig Ihren Vor- und Nachnamen ein. Verwenden Sie Schriftgröße 8 pt, fett.
- Speichern Sie Ihr Ergebnis unter **Abgabenordnung_Nachname**.
- Drucken Sie Ihr Ergebnis aus.

2. Teil: Erstellen einer E-Mail

- Öffnen Sie ein leeres Dokument. Speichern Sie das Dokument unter **E-Mail_Nachname**.
- Schreiben Sie die E-Mail an Herrn Berg. Eine Blindkopie senden Sie an Ihre Arbeitskollegin, Frau Reichert (c.reichert@bluedesign.de), mit der Sie im regen Austausch über organisatorische Fragen stehen.

An:	
Cc:	
Bcc:	
Betreff:	
Anhang:	

Gehen Sie folgendermaßen vor:

- Erstellen Sie mit der Tabellenfunktion nebenstehende Grafik rechts.
- Wählen Sie für Ihre E-Mail grundsätzlich die Schrift Calibri in der Größe 11 pt.
- Verändern Sie die Seitenränder oben und unten auf 1,5 cm.
- Unterbreiten Sie Ihren Vorschlag eines effizienten Ordnungssystems für die Blue Design GmbH.
- Formulieren Sie die E-Mail in ganzen Sätzen, nicht stichwortartig. Achten Sie auf eine gute Ausdrucksweise und eine übersichtliche Darstellung.
- Behandeln Sie dabei folgende Stichwörter und erläutern Sie diese angemessen:
  - Aufbewahrung von Schriftstücken
    → Nennen Sie sowohl einen gesetzlichen als auch einen betrieblichen Grund.
  - Einheitliche Wertstufen zur Aufbewahrung von Schriftgut.
    → Benennen und erläutern Sie kurz die Wertstufen.
  - Gründe für eine gegenständliche und eine papierlose Registratur.
    → Nennen Sie jeweils einen Grund.
- Beenden Sie die E-Mail wie gewohnt und geben Sie abschließend die Kommunikations- sowie die Firmenangaben (Telefonnummer: 0621 200103-0, E-Mail-Adresse: info@bluedesign.de und Internet-Adresse: bluedesign.de) an.
- Versenden Sie Ihr Informationsblatt mit der E-Mail.
- Die Fußzeile (einzeilig) erhält in der Schrift Calibri, Schriftgröße 8 pt, fett:
  - linksbündig: Vorname Name
  - rechtsbündig: Pfad + Dateiname
- Setzen Sie über die Zeile eine rote Linie.
- Speichern Sie Ihr Ergebnis und drucken Sie es einmal aus.

Aufgabe 6: Auftragsbestätigung/Datenschutz

Situation

Seit 4 Monaten sind Sie nun als Auszubildende/-r der Bürobedarf Müngsten GmbH in der Verkaufsabteilung eingesetzt und haben sich bereits mit dem Erstellen von Angeboten und dem Verfassen von Auftragsbestätigungen beschäftigt. Der bisherige Kundenstamm besteht sowohl aus Geschäftskunden als auch aus Privatkunden.

Vor 2 Tagen haben Sie einen Auftrag von einem neuen Privatkunden, Herrn Frank Altmann, erhalten. Von Ihrem Vorgesetzten werden Sie gebeten, für diesen Kunden eine Auftragsbestätigung anzufertigen. Da es sich um einen Neukunden handelt, müssen Sie daran denken, das Formular für die Datenschutzbestimmungen vorzubereiten und der Auftragsbestätigung beizufügen. Sie haben Artvollmacht. Ihre Durchwahlnummer ist 333; Ihre E-Mail-Adresse lautet eigenerName@buero-muengsten.de.

Weitere Daten zu der Bestellung des Herrn Altmann, Sorpener Straße 47, 40213 Düsseldorf:

100 Pakete Druckerpapier A4 à 250 Blatt pro Paket
Premium Deluxe für Laser, Inkjet Printers und Kopierer
80 g/m²
coloriert (Farbe: Sand)
Artikel-Nr. 30-1456-A
Preis pro Paket 7,99 €

Übung

Arbeitsanweisungen

Teil 1: Erstellen des Formulars Datenschutz

- Öffnen Sie die Datei **Formular Datenschutz**.
- Übertragen Sie alle vorhandenen und Ihnen bekannten Daten in das Formular. Als Absender verwenden Sie die Adresse von Herrn Altmann. Übernehmen Sie im Anschriftfeld Ihren Namen als Ansprechpartner/-in.
- Erfassen Sie unter dem Betreff „Datenschutzbestimmungen" (nach 2 Leerzeilen) folgenden Text:

  „Folgende Daten werden von der Bürobedarf Müngsten GmbH im Zusammenhang mit der Auftragsabwicklung gespeichert:"
- Formatieren Sie die Tabelle wie folgt:
  - erste Spalte in Fettdruck, linksbündig, Spaltenbreite 8 cm
  - zweite Spalte rechtsbündig, Spaltenbreite 5 cm
  - in der zweiten Spalte Daten lt. Situation übernehmen
  - alle Zellen vertikal zentrieren
  - gesamte Tabelle zentrieren
  - Zeilenhöhe für alle Zeilen 0,6 cm
  - alle Rahmenlinien entfernen
- Gestalten Sie jede zweite Zeile der Tabelle mit einem farbigen Hintergrund Ihrer Wahl.
- Lassen Sie unterhalb der Tabelle eine Zeile frei und erfassen Sie in Fettdruck die Überschrift **„Zustimmungserklärung"**.

Arbeitsanweisungen (Fortsetzung)

- Fügen Sie nach einem Absatz linksbündig ein Ankreuzkästchen (in Rot) ein und erfassen dahinter mit einem Abstand von 1,5 cm (Hängender Absatz) den Text **„Ich stimme der oben aufgelisteten Datenspeicherung zu."**
- Fügen Sie nach einer Leerzeile ein weiteres Ankreuzkästchen (in Rot) ein und übernehmen Sie den Text **„Ich nehme zur Kenntnis, dass ich jederzeit das Recht auf Korrektur, Ergänzung/Änderung bzw. Löschung der Daten habe."** Der Abstand zwischen Ankreuzkästchen und Text beträgt ebenfalls 1,5 cm (Hängender Absatz).
- Für Ort, Datum (linksbündig) und Unterschrift (auf Position 10 cm) verwenden Sie (unter Berücksichtigung eines normgerechten Abstandes) folgende Darstellung:

Ort, Datum Unterschrift

- Überarbeiten Sie die Passagen, die einen Fließtext beinhalten, mit einem normgerechten Randausgleich.
- Fügen Sie rechts neben dem Anschriftfeld zwei zum Thema passende grafische Elemente ein und ändern Sie deren Farbe nach Ihren Vorstellungen.
- Speichern Sie die Bearbeitung Teil 1 unter dem Namen **Datenschutzformular Altmann.**

Teil 2: Erstellen der Auftragsbestätigung

- Öffnen Sie den **Geschäftsbriefvordruck Müngsten GmbH.**
- Füllen Sie das Anschriftfeld sowie den Informationsblock vollständig aus.
- Wählen Sie geeignete Formulierungen für den Betreff, die Anrede sowie für die übliche Auftragsbestätigung. Berücksichtigen Sie folgende inhaltlichen Punkte:
  - Preis pro Paket 7,99 €
  - Preis zuzüglich MwSt.
  - Lieferung innerhalb von 8 Tagen
  - Hinweis auf Anlagen: Allgemeine Lieferungs- und Zahlungsbedingungen und Formular Datenschutz
  - kurze Erklärung zur Speicherung der Daten (siehe auch Informationen in Teil 1)
  - Bitte um Durchsicht/Ergänzung und Unterschrift des Formulars
  - Rücksendung mit frankiertem – ebenfalls beigefügten – Umschlag
  - sorgfältige Lieferung zusichern
- Erstellen Sie einen normgerechten Briefabschluss.
- Speichern Sie den Brief unter dem Namen **Auftragsbestätigung Altmann.**

Aufgabe 7: Gestaltung eines neuen Rechnungsformulars

Situation

Der Geschäftsführer, Herr Dr. R. Müngsten, hat im vorigen Monat vorgeschlagen, ein neues Rechnungsformular zu erstellen. Aus diesem Grunde bat er Herrn Unger, Leiter der EDV-Abteilung, um Ideen zu rationellen Bearbeitungsmöglichkeiten. Frau Bromkamp, Prokuristin der Buchhaltungsabteilung, erhielt den Auftrag, eine Liste mit den vom Gesetzgeber vorgeschriebenen inhaltlichen Angaben anzufertigen. Vor 2 Tagen hat eine erneute Besprechung zu diesem Thema stattgefunden.

Sie sind Mitarbeiter/-in der EDV-Abteilung und haben auf Wunsch Ihres Vorgesetzten, Herrn Unger, als Protokollführer/-in an der Besprechung teilgenommen.

Übung

Arbeitsanweisungen

Teil 1: Gesprächsprotokoll erstellen

- Öffnen Sie in Word den **Vordruck für interne Schreiben** der Müngsten GmbH.
- Verändern Sie den linken Seitenrand auf 2 cm und verwenden Sie die Schriftart Arial, 12 pt.
- Verwenden Sie für die Kopfangaben des Gesprächsprotokolls die Tabellenfunktion. Als Überschrift oberhalb der Tabelle fügen Sie „Verlaufsprotokoll" (18 pt) ein. Übernehmen Sie folgende Kopfangaben und füllen Sie diese gemäß der Aufgabenstellung mit Inhalt:
  Thema: ***selbst bilden***
  Ort: ***selbst bilden***
  Datum: ***vor 2 Tagen***
  Zeit: ***selbst bilden***
  Teilnehmer/-innen: Geschäftsführer Dr. Robert Müngsten, Leiter der EDV-Abteilung Tim Unger, Prokuristin der Buchhaltungsabteilung Alice Bromkamp, Protokollführer/-in eigener Name
- Erstellen Sie ein Protokoll. Wandeln Sie die direkte in indirekte Rede (Konjunktiv 1) um. Für die Formulierung verwenden Sie folgenden Gesprächsverlauf:

  Nach der Begrüßung durch den Geschäftsführer Herrn Müngsten und einer kurzen Zusammenfassung der letzten Besprechung (kurze Ausführung lt. Situation) findet folgender Gesprächsverlauf statt:

  Tim Unger: Wir sollten den Geschäftsbriefvordruck der Müngsten GmbH für das Rechnungsformular umarbeiten, den reinen Rechenbereich aber mit Excel erstellen. Das wäre von Vorteil, weil wir die Rechnungen so einfach und rationell bearbeiten könnten. Zusätzlich hätten wir die Möglichkeit, auch die Kunden- und Artikeldaten einzubinden und abzurufen.

  Robert Müngsten: Herr Unger, ist Ihrer Meinung nach die Umstellung auf Excel für die Sachbearbeiterinnen und Sachbearbeiter ohne Schwierigkeiten möglich oder ist eine längere Einarbeitungszeit notwendig?

  Tim Unger: Bei Bedarf bietet die EDV-Abteilung eine Schulung an. Dafür benötigen wir aber von Frau Bromkamp eine Aufstellung der gesetzlich vorgeschriebenen Inhalte.

  Alice Bromkamp: Gut, dass ich bereits zur Vorbereitung auf das heutige Gespräch eine entsprechende Auflistung erarbeitet habe, die ich Herrn Unger gerne zur Verfügung stelle.

  Robert Müngsten: Herr Unger, bitte entwickeln Sie in Ihrer Abteilung ein entsprechendes Formular bis zur nächsten Sitzung. Wir treffen uns dann ***(in einer Woche – Termin selbst bilden)*** zur Besprechung wieder.

Arbeitsanweisungen (Fortsetzung)

- Erfassen Sie zum Abschluss linksbündig den Ort sowie das Tagesdatum. Gestalten Sie an normgerechter Position folgenden Unterschriftsbereich:

Dr. R. Müngsten/Geschäftsführer	← *Arial, 8 pt, fett* →	**eigener Name/Protokollführer/-in**

- Speichern Sie das Dokument mit dem Dateinamen **Verlaufsprotokoll**.
- Drucken Sie das Gesprächsprotokoll einmal aus.

Teil 2: Rechenbereich in Excel erstellen

Ihr Vorgesetzter, Herr Unger, hat Ihnen die Entwicklung des neuen Rechnungsformulars übertragen. Für das neue Rechnungsformular soll der reine Rechenbereich in Excel erstellt werden. Dieser wird als Verknüpfung mit dem Geschäftsbriefvordruck der Müngsten GmbH zum kompletten Rechnungsformular kombiniert. Sie beginnen mit dem Erstellen des Rechenbereichs in Excel.

- Öffnen Sie in Excel eine neue Arbeitsmappe.
- Benennen Sie das erste Tabellenblatt in „Rechenbereich", das zweite Tabellenblatt in „Formeln" um.
- Ändern Sie für beide Tabellenblätter den rechten Seitenrand auf 1 cm. Übernehmen Sie für beide Tabellenblätter als benutzerdefinierte Fußzeile im rechten Bereich „Vorname Name", im mittleren Bereich „Pfad + Datei + Register". Formatieren Sie die Fußzeile in Arial, 8 pt, fett.
- Erstellen Sie im Tabellenblatt „Rechenbereich" (Zelle A1 bis A7) eine normgerechte Tabelle mit folgenden inhaltlichen Angaben:
  - Position
  - Menge
  - Artikelbezeichnung
  - Artikelnummer
  - Einzelpreis in Euro
  - Gesamtpreis in Euro
- Sie benötigen 10 Zeilen. Verändern Sie die Zeilenhöhe auf 30. Gestalten Sie die komplette Tabelle mit der Schriftart Arial, 11 pt.
- Nummerieren Sie die Zeilen der Spalte Position (ab Zelle A2) fortlaufend.
- Verbinden Sie jeweils in den Zeilen 8 bis 10 die Spalten A bis E. In die verbundenen Zellen werden die Leitwörter für die letzte Spalte „Gesamtpreis in Euro" folgendermaßen eingefügt:

  Zeile 8: Summe *(Zeile 8)*
  Zeile 9: + 19 % Umsatzsteuer *(Zeile 9)*
  Zeile 10: Gesamtpreis *(Zeile 10)*

  } *rechtsbündig und in Fettdruck formatieren*

Arbeitsanweisungen (Fortsetzung)

- Verwenden Sie für alle Spaltenüberschriften und für die Zellen F8, F9 und F10 eine Grauschattierung Ihrer Wahl. Formatieren Sie alle Zellen mit Währungsangaben rechtsbündig und mit zwei Dezimalstellen.

- Unterhalb der Tabelle fügen Sie die die Zahlungsbedingungen ein: innerhalb von 30 Tagen netto – innerhalb von 8 Tagen 3 % Skonto. Achten Sie auf übersichtliche Anordnung. Blenden Sie für den Bereich, in dem Sie die Zahlungsbedingungen erfassen, die Gitternetzlinien aus.

- Kopieren Sie das Tabellenblatt Rechenbereich und fügen Sie es im Tabellenblatt Formeln ein.

- Im Tabellenblatt Formeln stellen Sie die Formelansicht ein. Kontrollieren und korrigieren Sie u. U. die Spaltenbreiten. In der Spalte Gesamtpreis in Euro (F2 bis F10) müssen die Formeln vollständig zu erkennen sein.

- Speichern Sie die Datei unter dem Namen **Rechenbereich für Rechnungsformular_Nachname** ab.

- Drucken Sie beide Tabellenblätter einmal aus.

<u>Teil 3: Rechnungsformular erstellen</u>

- Öffnen Sie den Geschäftsbriefvordruck der Müngsten GmbH in Word.

- Ändern Sie im Info-Block die Leitwörter wie folgt um:

Ihr Zeichen:	*ändern in* →	Kundennummer:
Ihre Nachricht vom:	*ändern in* →	Lieferung vom:
		Unsere Zeichen:
		Name:

- Das Leitwort „Unsere Nachricht vom:“ entfällt. Die Zeile bleibt frei. Passen Sie die Angaben im Info-Block gemäß vorstehendem Muster an. Ab dem Leitwort „Name:“ können die Angaben ohne Änderungen übernommen werden.

- Als Betreff erfassen Sie „Rechnungs-Nr.“. Den Textteil formatieren Sie normgerecht. Anschließend berücksichtigen Sie 2 Leerzeilen und positionieren Sie den Cursor entsprechend in der 3. Zeile.

- Fügen Sie an der Cursorposition mithilfe einer Verknüpfung die Inhalte des Tabellenblattes Rechenbereich aus Excel ein.

- Für die Empfängeranschrift fügen Sie an normgerechter Position Text-Formularfelder ein. Wiederholen Sie dies im Bereich des Info-Blocks hinter „Kundennummer:“ und „Lieferung vom:“ sowie hinter der Angabe „Rechnungs-Nr.“.

- Speichern Sie das Dokument unter dem Namen **Rechnungsformular_Nachname** und drucken Sie es einmal aus.

Aufgabe 8: Rationalisierung der Postbearbeitung

Situation

Sie sind in der Allgemeinen Verwaltung des Unternehmens Bürobedarf Müngsten GmbH in Düsseldorf tätig. Ihre Durchwahlnummer ist -553.

Auf der letzten Sitzung der Abteilungsleiter/-innen wurde besprochen, wie mit den Schriftstücken des Postein- und Postausganges einheitlich zu verfahren ist. Sie erhalten die Aufgabe, auf Grundlage des Protokolls einen Leitfaden zu entwickeln. Anschließend werden Sie diesen als 7. Rundschreiben per E-Mail an alle Kolleginnen und Kollegen sowie an alle Abteilungsleiterinnen und Abteilungsleiter versenden.

Übung

Arbeitsanweisungen

Teil 1: Gestalten eines Leitfadens

- Öffnen Sie in Word 2010 das Dokument **Protokoll**.
- Übernehmen Sie die Aufstellungen „Posteingang" und „Postausgang" in eine neue Datei und speichern Sie diese unter **Leitfaden_Nachname**.
- Verwenden Sie für Ihr Dokument die Schriftart Arial, innerhalb der Tabelle Schriftgröße 10.
- Fügen Sie in der Fußzeile linksbündig Ihren Namen ein. Automatisch als „Feld" fügen Sie zentriert den Dateinamen und rechtsbündig das Datum, Schriftgröße 8 pt, ein.
- Fügen Sie das Logo der Müngsten GmbH ein, platzieren Sie es vertikal 1 cm vom oberen Rand und zentrieren Sie es.
- Versehen Sie das Dokument mit der Überschrift „Leitfaden Postbearbeitung – Schriftstücke scannen, kopieren, drucken". Teilen Sie die Überschrift sinnvoll in zwei Zeilen auf und zentrieren Sie diese.
- „Leitfaden Postbearbeitung" erhält die Schriftgröße 18, Fettdruck und Kapitälchen; erweitern Sie die Laufweite auf 3,5 pt und stellen Sie den Absatzabstand 6 pt bzw. 0,5 ze nach ein.
- Wandeln Sie jeweils die Aufstellungen Posteingang und Postausgang in eine Tabelle um, wählen Sie folgende Spaltenbreiten: 1. Spalte 3 cm, 2. Spalte 5 cm, 3. Spalte 10 cm.
- Fügen Sie als Kopfzeilen der Tabellen jeweils eine leere Tabellenzeile ein.
- Verbinden Sie die Zellen und fügen Sie „Posteingang" (1. Tabelle) und „Postausgang" (2. Tabelle) ein.
- Erzeugen Sie unterhalb der Tabellen jeweils drei weitere Tabellenzeilen.
- Stellen Sie die Zellenbegrenzung beider Tabellen oben und unten auf 0,1 cm ein.
- Ändern Sie die Zeilenhöhe der Tabellen auf 0,7 cm.
- Die Überschriften der Tabellen zentrieren Sie horizontal und vertikal, die übrigen Zeilen nur vertikal.
- Entfernen Sie die Innenlinien der Tabellen.
- Die äußeren Rahmen der Tabellen und eine Linie unterhalb der Kopfzeile erhalten die Stärke 1,5 pt, Farbe Aquamarin, Akzent 5 dunkler 25 %.
- Sortieren Sie die Inhalte der Tabellen alphabetisch.

Arbeitsanweisungen (Fortsetzung)

- Schattieren Sie jede zweite Tabellenzeile, Farbe Aquamarin, Akzent 5 heller 80 %.
- Speichern Sie Ihr Ergebnis und drucken Sie es aus.

Teil 2: Erstellen eines Rundschreibens

- Öffnen Sie die **E-Mail Vorlage** und speichern Sie das Dokument unter **Rundschreiben_ Nachname**.
- Beschriften Sie die Fußzeile: linksbündig Name, zentriert Datum (automatisch), rechtsbündig Pfad und Dateiname in der Schriftgröße 8.
- Das Unternehmen hat Verteiler für „Mitarbeiter“ und „Abteilungsleitung“ angelegt. In diesen ist der Geschäftsführer Dr. Robert Müngsten nicht aufgenommen, die Rundschreiben erhält er als Kopie, seine E-Mail-Adresse ist: r.muengsten@buero-muengsten.de.
- Formulieren Sie ein Rundschreiben an alle Mitarbeiterinnen und Mitarbeiter sowie Abteilungsleiterinnen und Abteilungsleiter des Unternehmens. Informieren Sie diese entsprechend der Situation. Verwenden Sie dazu auch die Angaben aus dem Protokoll vom 12.04.20.. (siehe Anlage). Begründen Sie die Maßnahme, die ab 1. Mai gilt. Den Leitfaden fügen Sie dem Rundschreiben bei.
- Formulieren Sie die E-Mail in ganzen Sätzen, nicht stichwortartig. Achten Sie auf eine gute Ausdrucksweise und eine übersichtliche Darstellung.
- Speichern Sie das Dokument und drucken Sie es aus.

Anlage: Auszug aus dem Protokoll der Abteilungsleitersitzung vom 12.04.20.. der Müngsten GmbH

TOP 3 Rationalisierung der Postbearbeitung

Die ein- und ausgehenden Schriftstücke werden zurzeit von allen Mitarbeiterinnen und Mitarbeitern unterschiedlich behandelt. Eingehende Schriftstücke, z. B. Rechnungen, stehen oft nicht mehreren Mitarbeitern bzw. Mitarbeiterinnen/Abteilungen zur Verfügung. In letzter Zeit hatte das Unternehmen wegen der schleppenden internen Weiterleitung von Rechnungen größere Verluste, weil das Skonto nicht ausgenutzt werden konnte. Ausgehende Schriftstücke werden häufig mehrere Male ausgedruckt und zusätzlich nach Unterschrift noch einmal kopiert, was nicht erforderlich ist.

Alle Schriftstücke des Unternehmens sollen in einem ersten Schritt erfasst werden. Die Allgemeine Verwaltung erstellt eine Übersicht nach folgendem Muster:

Posteingang

Schriftstücke	**vervielfältigen/weiterleiten**	**Bemerkungen**
Rechnungen	einscannen	Original an Buchhaltung, PDF-Datei an Einkauf
Briefe	einscannen	Original an 1. Sachbearbeiter/-in, PDF-Datei an 2. Sachbearbeiter/-in
Lieferscheine	einscannen	Original an Einkauf, PDF-Datei an Lager
Angebote	einscannen	Original an Einkauf, PDF-Datei an Abteilungsleiter/-in
Bestellungen	einscannen	Original an Verkauf, PDF-Datei an Abteilungsleiter/-in

Postausgang

Schriftstücke	**vervielfältigen/weiterleiten**	**Bemerkungen**
Rechnungen	3-mal ausdrucken	Original und eine Kopie an Kunde, 3. Kopie Buchhaltung
Angebote	nach Unterschrift kopieren	Original an Empfänger, Kopie Zwischenablage Verkauf
Bestellungen	nach kopieren Unterschrift	Original an Empfänger, Kopie Zwischenablage Verkauf
Briefe	nach Unterschrift kopieren	Original an Empfänger, Kopie Ablage/Zwischenablage
Lieferschein	2-mal ausdrucken	Original an Empfänger, Kopie Zwischenablage Verkauf

Die Allgemeine Verwaltung ermittelt bei den Mitarbeiterinnen und Mitarbeitern die Schriftstücke, die sie erhalten bzw. absenden und wie sie bisher hinsichtlich scannen, kopieren oder drucken behandelt wurden. Das Ergebnis dieser Befragung muss der Allgemeinen Verwaltung spätestens am 26.01.20.. vorliegen und wird auf der nächsten Abteilungsleitersitzung am 28.04.20.. besprochen.

Aufgabe 9: Angebotsvergleich

Situation

Sie haben sich gut im Einkauf eingearbeitet und die Abteilungsleiterin, Frau Höger, gibt Ihnen immer anspruchsvollere Aufgaben. Heute, am 03.05.20.., überreicht Sie Ihnen zwei Angebote. Sie erklärt Ihnen:

„Wir wollen E-Bikes in unser Sortiment aufnehmen. Wir haben zwei Angebote über 10 Fahrräder eingeholt. Einmal das **Velo Vento 350** vom Hersteller BikeTec GmbH und dann noch das **Move On 47S** von der Bikefactory GmbH. Beide Fahrräder sind in etwa gleichwertig. Und unsere Vorstellungen zum Liefertermin können auch beide Anbieter erfüllen. Jetzt geht es also nur noch darum, wer günstiger ist. Könnten Sie beide Angebote vergleichen? Bitte bestellen Sie die Fahrräder in meinem Namen bei dem Lieferanten, der uns die günstigsten E-Bikes anbietet. Wann kann ich mit Ihren Unterlagen rechnen? Heute noch? Das wäre schön."

Übung

Arbeitsanweisungen

- Schauen Sie sich die beiden Angebote auf den folgenden Seiten gut an. Machen Sie sich dann an die Arbeit,
  1. beide Angebote zu vergleichen und
  2. beim günstigeren Lieferanten 10 E-Bikes zu bestellen.

Teil 1: Erstellen Sie das Formular für den Angebotsvergleich

- Öffnen Sie dafür die Datei **Angebotsvergleich** und speichern Sie diese unter **Angebotsvergleich E-Bikes**.
- Oberhalb der Tabelle fügen Sie eine Zeile (Höhe: 2 cm) mit einer Spalte ein. Horizontal und vertikal zentriert fügen Sie den Titel „Angebotsvergleich für 10 E-Bikes" in Schriftgröße 16, Fettdruck und Farbe Orange ein.
- Fügen Sie rechts oben in die Titelzeile die Grafik **Fahrrad.png** ein. Die Höhe der Grafik verändern Sie auf 3 cm. Wandeln Sie die Farbe der Grafik in Orange um. Positionieren Sie die Grafik überlappend über die rechte obere Ecke.

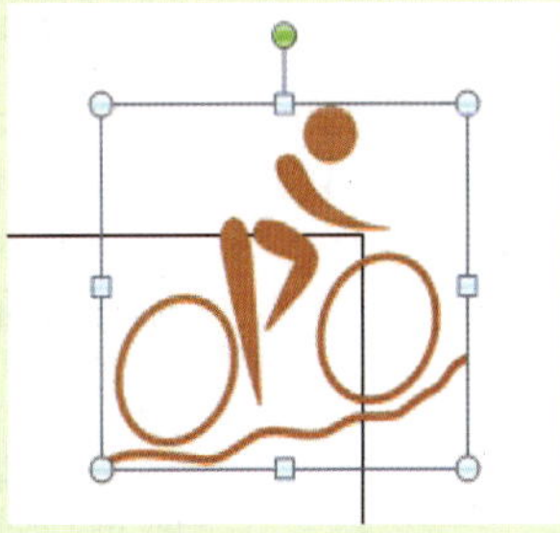

- Die Zeile mit der Zeilenüberschrift: Lieferanten/Kalkulationsschema verändern Sie bitte in der Höhe (= 2,6 cm). Die erste Zelle erhält einen diagonalen Strich von links oben nach rechts unten. Positionieren Sie die beiden Leitwörter angemessen. In die zweite und dritte Zelle schreiben Sie die Namen der Lieferanten (Farbe: Orange).
- Die Vorspalte und der Titel erhalten einen schattierten Hintergrund (helles Grau, 15 %).
- Die Zeilen 3 bis 13 erhalten eine Höhe von 1,3 cm, die letzte Zeile eine Höhe von 2,6 cm.
- Erstellen Sie den Angebotsvergleich gemäß den Angaben in den Angeboten. Kennzeichnen Sie das günstigste Angebot durch Ankreuzen in der entsprechenden Zelle. Wählen Sie als Schriftfarbe Orange (ausgenommen der ersten Spalte). Zentrieren Sie alle Zellen der Tabelle vertikal. Formatieren Sie angemessen gemäß der DIN 5008.

Arbeitsanweisungen (Fortsetzung)

Teil 2: Schreiben Sie die Bestellung

- Öffnen Sie die Datei **Geschäftsbriefvordruck Reif KG**. Speichern Sie diese Datei unter **Reif-Bestellung E-Bike**. Schreiben Sie die Bestellung. Formulieren Sie in ganzen Sätzen.
- Übernehmen Sie die benötigten Informationen aus der Situation und den nachfolgenden Angeboten. Gehen Sie besonders auf folgende Punkte ein:

Einleitung und Schluss

Hauptteil: Bestellen Sie 10 E-Bikes – Nennen Sie die Produktbezeichnung und den Preis – Formulieren Sie die Lieferungs- und Zahlungsbedingungen – Wählen Sie die Farbe aus – Bitten Sie um einen aktuellen Katalog mit Preisliste

Angebot 1:

BikeTec GmbH · Zeller Straße 139 · 38820 Halberstadt

Reif KG
Frau Katharina Höger
Schlossgraben 30
45657 Recklinghausen

Ihr Zeichen: khö
Ihre Nachricht: 02.05.20..
Unser Zeichen: züg
Unsere Nachricht vom:

Name: Walter Zügner
Telefon: 03941 5577-12
Telefax: 03941 5577-1
E-Mail: zuegner@biketec.de

Datum: 03.05.20..

Angebot

Sehr geehrter Frau Höger,

vielen Dank für Ihr Interesse an unseren Produkten. Wir unterbreiten Ihnen gerne folgendes Angebot:

Pos.	Artikel-Nr.	Artikelbezeichnung	Menge	Einzelpreis	Gesamtpreis
001	12 543	Velo Vento 350	10 Stück	1.450,00 EUR	14.500,00 EUR

Das Velo Vento 350 mit einem Li-Ion 36 V-Akku besitzt eine Reichweite von 50 bis 120 km (je nach Modi). Die Ladezeit beträgt 4,5 Stunden. Das E-Bike wird mit einem Heckmotor von 250 W angetrieben. Die Gesamtbelastung beträgt 135 kg. Sie können das E-Bike in der Rahmenhöhe 26" oder 28" wählen. Wir bieten 10 Jahre Garantie auf den Rahmen sowie auf den Elektromotor. Das Velo Vento 350 ist in den Farben Schwarz-Grau oder Silber erhältlich.

Sie zahlen innerhalb von 30 Tagen netto oder innerhalb von 10 Tagen mit 2 % Skonto. Die Lieferung, die wir innerhalb von 10 Tagen nach Bestelleingang ausführen, erfolgt innerhalb Deutschland frei Haus.

Zudem gewähren wir Ihnen einen Rabatt in Höhe von 10 % bei Abnahme von 10 E-Bikes. Sollten Sie sich dazu entschließen, 30 E-Bikes zu kaufen, können Sie mit einem Rabatt von 20 % rechnen.

Wir freuen uns auf Ihren Auftrag, den wir zu Ihrer vollsten Zufriedenheit ausführen werden.

Mit freundlichen Grüßen

BikeTEC GmbH

i. A. Walter Zügner

Walter Zügner

Hausanschrift
BikeTec GmbH
Zum Zeller Loch 1
38805 Halberstadt

Geschäftsführer
Peter Schwarz
Handelsregister: HRB 647683
USt.-IdNr. DE156478984

Bankverbindung
Harzsparkasse
IBAN DE81 0520 0000 8939 8533 49
BIC NOLADE21HRZ

Angebot 2:

Bikefactory

Bikefactory GmbH - Ostwallring 65 - 44328 Dortmund

Reif KG
Frau Katharina Höger
Schlossgraben 30
45657 Recklinghausen

Ihr Zeichen, Ihre Nachricht vom	Unser Zeichen, unsere Nachricht vom	Telefon, Name	Datum
khö, 02.05.20..	je	0231 6532-731 Jana Erdinger	03.05.20..

Angebot 20../455

Sehr geehrte Frau Höger,

vielen Dank für Ihre telefonische Anfrage. Gerne unterbreiten wir Ihnen folgendes Angebot:

Pos./Artikelnr.	Artikelbezeichnung	Menge	Einzelpreis
01/14075	Move On 47S	10	1.500,00 €
		Gesamtpreis	**15.000,00 €**

Unser Move On 47S zeichnet sich durch seine enorme Reichweite von bis zu 130 km aus. Das hohe Leistungsvermögen ist auf den Heckmotor mit einer Leistung von 225 Watt und eine günstige Übersetzung zurückzuführen. Die Ladezeit beträgt 5 Stunden. Maximal kann Move On mit 120 kg belastet werden. Das Move On erhalten Sie in einer Rot-Silber- oder Kaiserblau-Lackierung.

Wir bieten Ihnen bei Abnahme von 10 Fahrrädern einen Mengenrabatt von 20 %. Bei Zahlung innerhalb von 2 Wochen gewähren wir Ihnen 3 % Skonto, sonst bitten wir um Zahlungsausgleich innerhalb von 30 Tagen netto. Unsere Versandpauschale beträgt 350,00 €. Wir liefern spätestens 3 Tage nach Bestellungseingang.

Wir freuen uns, wenn Ihnen unser Angebot zusagt und sichern Ihnen eine zuverlässige Ausführung Ihres Auftrages zu.

Mit freundlichen Grüßen

Bikefactory GmbH

i. A. J. Erdinger

Jana Erdinger

Geschäftsräume	Handelsregister-Nr.	Geschäftsführung	Bankverbindung
Bikefactory GmbH Ostwallring 66 - 68 44328 Dortmund	HBR 387 374 **Internetadresse** www.bikefactory@com	Gisela Waldhauer Gertrude Weinheim	TARGOBANK IBAN DE01 3002 0900 3645 2173 90 BIC CMCIDEDDXXX

Aufgabe 10: Rechte des Verbrauchers bei Reklamationen

Situation

Sie sind Mitarbeiter/-in im Verkauf der Reif KG in Recklinghausen. Die Reif KG ist das größte Zweiradgeschäft der Kreisstadt. Der Zweiradspezialist ist bekannt für gute Qualität zu günstigen Preisen, fachliche Beratung und zuverlässigen Service. Er beschreibt sich selbst als „Kaufhaus rund ums Fahrrad".

Heute kommt Ihr Vorgesetzter, Herr Groß, in Ihr Büro und legt Ihnen mit den Worten „Da ist wohl was schiefgegangen." einen Brief hin:

Charleen Rothfels

Marktstraße 150 ◆ 46045 Oberhausen ◆ ☎ 0208 23678 ◆ E-Mail: charo@gmx.de

Reif KG
Schlossgraben 30
45657 Recklinghausen

Montag, 19. Januar 20..

Rahmenbruch eines Damen-Mountainbike „Cute Lady S, Modellversion 20.."

Sehr geehrte Damen und Herren,

ich habe vor 5 Monaten ein Damen-Mountainbike „Cute Lady S, Modellversion 20.." bei Ihnen erworben. Dieses Rad benutze ich seitdem jeden Sonntag für Ausflüge ins Sauerland. Gestern bin ich aufgrund eines Rahmenbruchs mit diesem Fahrrad gestürzt. Der Radservice in Arnsberg wies mich darauf hin, dass die Ursache dieses Rahmenbruchs ein Haarriss im Rahmen sei. Es sei sehr wahrscheinlich, dass dieser Haarriss auf einen Produktionsfehler zurückzuführen sei.

Das Fahrrad erlitt einen Totalschaden. Meine Multifunktionsjacke im Wert von 400 Euro ist durch den Sturz zerrissen und damit nicht mehr zu gebrauchen.

Ich bitte Sie, mir einen angemessenen Vorschlag zur Regulierung dieses Schadens zu machen.

Mit freundlichen Grüßen

Charleen Rothfels

Herr Groß bittet Sie mit den Worten: „Wir wollen auf keinen Fall eine Kundin verlieren!", Frau Rothfels so schnell wie möglich schriftlich zu antworten. Sie sollen ihr den ihr rechtlich zustehenden Anspruch und eine angemessene Kulanzleistung anbieten.

Zusätzlich möchte Herr Groß, dass Sie für alle Auszubildenden, die in den Verkauf kommen, ein Merkblatt erstellen. Dieses Merkblatt soll die Azubis darüber informieren, welche gesetzlichen Ansprüche Verbraucher im Falle einer mangelhaften Lieferung besitzen.

Übung

Arbeitsanweisungen

Teil 1: Merkblatt

- Öffnen Sie in Word ein neues Dokument. Speichern Sie das Dokument unter dem Dateinamen **Informationsblatt_Nachname**.
- Setzen Sie Ihren Vor- und Zunamen rechtsbündig in Arial, 8 pt in die Kopfzeile.
- Schreiben Sie in die erste Zeile in Arial, 12 pt, fett, „Informationsblatt für Auszubildende im Verkauf der Reif KG".
- Erstellen Sie die unten stehende Grafik. Verwenden Sie dafür die Tabellenfunktion und Textfelder.
- Übernehmen Sie alle Absatz- und Zeichenformatierungen. Verwenden Sie als Schrift Arial, Schriftgröße 12 pt und 10 pt.

Rechte des Verbrauchers bei mangelhafter Lieferung[1]

vorrangige Rechte des Verbrauchers
(grundsätzlich ohne Fristsetzung)

Nacherfüllung
Verbraucher hat – unter Berücksichtigung von Unzumutbarkeit bzw. Unmöglichkeit – freie Wahl zwischen kostenloser

Nachbesserung | **Neulieferung**

und ggf. **Schadensersatz* neben der Leistung**

Umkehr der Beweislast: Zeigt sich beim Verbrauchsgüterkauf innerhalb von sechs Monaten seit Gefahrenübergang ein Sachmangel, so wird vermutet, dass die Sache bereits bei Gefahrenübergang mangelhaft war.

Übergang zu nachrangigen Rechten nur
- nach erfolglosem Ablauf einer angemessenen Nacherfüllungsfrist oder
- bei erfolgloser Nacherfüllung (fehlgeschlagen, verweigert oder unzumutbar) oder
- bei Fix- und Zweckkauf

nachrangige Rechte des Verbrauchers

nur bei erheblichen Mängeln (vgl. 1 bis 3)					**auch bei unerheblichen Mängeln (vgl. 4)**
1. Rücktritt vom Kaufvertrag	und ggf.	**2. Schadensersatz* statt** der Leistung	oder	**3. Ersatz vergeblicher** Aufwendungen	**4. Minderung** des Kaufpreises und ggf. **Schadensersatz* neben** der Leistung

* Voraussetzung: nachweisbarer Schaden und Verschulden des Verkäufers

- Setzen Sie ein Fußnotenzeichen hinter das Wort „Lieferung" in der Überschrift. Erzeugen Sie eine Fußnote (10 pt, Blocksatz) am Seitenende mit folgendem Inhalt:

  [1] Grafik mit kleinen Änderungen übernommen aus: Bartnik, D. u. a. (2014), Büro 2.1. Kaufmann/Kauffrau für Büromanagement. Informationsband. 1. Ausbildungsjahr, Verlag Europa-Lehrmittel, Haan-Gruiten, S. 375.

- Speichern Sie Ihr Ergebnis und drucken Sie es einmal aus.

Arbeitsanweisungen (Fortsetzung)

Teil 2: Geschäftsbrief

- Öffnen Sie den **Geschäftsbriefvordruck Reif KG** und speichern Sie diesen unter dem Namen **Antwort auf Reklamation_Nachname**.
- Verwenden Sie Arial, 12 pt.
- Übernehmen Sie alle Angaben aus dem Brief von Frau Rothfels, die Sie für Ihre Antwort brauchen.
- Weitere Angaben:
  - Erstellen Sie Ihr eigenes Kurzzeichen.
  - Ihre Telefonnummer lautet 02361 2409-43.
  - Die Fax-Nummer der Radmarkt Reif KG ist 02361 2410.
  - Ihre E-Mail-Adresse heißt eigenerName@radmarkt.reif.de.
  - Sie besitzen Artvollmacht.
- Schreiben Sie die Antwort an Frau Rothfels. Formulieren Sie den Brief in ganzen Sätzen, nicht stichwortartig. Achten Sie auf eine gute Ausdrucksweise und übersichtliche Darstellung.
- Berücksichtigen Sie die Angaben der Situation und gehen Sie dabei besonders auf folgende Punkte ein:
  - Entschuldigung und Erläuterung der Situation
  - Rad zur Begutachtung vorbeibringen
  - Darstellen der Rechte, die Frau Rothfels aufgrund der geschilderten Situation hat
  - allerdings: Reparatur des Rahmens nicht möglich
  - Behebung des Schadens an der Jacke
  - Vorschlag über eine zusätzliche, angemessene Kulanzleistung
  - geeigneter Schlusssatz
- Speichern Sie Ihr erstelltes Dokument und drucken Sie es einmal aus.

Aufgabe 11: Flyer Privatkunden

Situation

Die Geschäftsführerin der Markgraf Brunnen GmbH, Frau Arnold, bittet Sie als Mitarbeiter/-in der Verkaufsabteilung einen Werbe-Flyer im A5-Format zu entwerfen. Mit diesem Flyer sollen Privatkunden im näheren Umkreis (PLZ-Gebiet 79098) angesprochen werden. Dazu muss eine vorhandene Kundendatei entsprechend überarbeitet werden. Frau Arnold wünscht, dass der Flyer mit der Serienbrieffunktion erstellt wird, damit eine persönliche Anrede möglich ist.

Frau Arnold bittet Sie, ihr die Vorschläge zur Kundenauswahl sowie zum Flyer per E-Mail zuzusenden. Der Geschäftsführer, Herr Pfitzer, soll die Informationen per Kopie erhalten.

Übung

Arbeitsanweisungen

Teil 1: Mitteilung an Frau Arnold per E-Mail

- Öffnen Sie ein neues Dokument in Word und ändern Sie den rechten Rand auf 1 cm.
- Erstellen Sie mit der Tabellenfunktion die Kopfangaben für ein E-Mail-Formular. Übertragen Sie die Leitwörter „An:", „Cc:", „Bcc:", „Betreff:" und „Anhang:" und füllen Sie die Bereiche gemäß der Situationsbeschreibung aus.
- Informieren Sie Frau Arnold über die inhaltlichen Punkte (siehe nachfolgende Stichpunkte), die Sie für den Flyer vorsehen:
  1. Angebotswoche in der Zeit vom … ***(Datum einsetzen)***
  2. bis zu 20 % Rabatt
  3. Flyer beinhaltet einen 5-€-Gutschein
  4. Einlösung gegen Vorlage im Geschäft
  5. Hinweis auf kostenlosen Lieferservice im Umkreis von 5 km
  6. Lieferservice ist abhängig von einer Mindestabnahme in Höhe von 50 € im Monat
- Weisen Sie auf den ausgewählten Kundenkreis hin. Die selektierte Datenquelle sowie den Entwurf für den Flyer fügen Sie der E-Mail als Anhang bei.
- Erstellen Sie gemäß den Gepflogenheiten in der Markgraf Brunnen GmbH einen normgerechten Abschluss der E-Mail.
- Speichern Sie die Bearbeitung unter **E-Mail-Flyer** ab.

Teil 2: Entwurf des Flyers

- Bearbeiten Sie als Vorbereitung zunächst die Auswahl des Kundenkreises. Öffnen Sie dazu in dem Ordner Schülerdateien die in Word erstellte Datenquelle **Privatkunden in Freiburg**.
- Sortieren Sie in der Datenquelle die Spalte PLZ aufsteigend. Löschen Sie alle Datensätze, die nicht der PLZ 79098 entsprechen. Sortieren Sie die verbleibenden Datensätze alphabetisch.
- Optimieren Sie die Spaltenbreiten und formatieren Sie die Datenquelle nach DIN 5008 und speichern Sie die überarbeitete Datenquelle unter dem Namen **Quelle Flyer**.

Arbeitsanweisungen (Fortsetzung)

- Um nun den Werbe-Flyer zu erstellen, öffnen Sie ein neues Dokument (in Word) und verändern Sie den rechten Rand auf 1 cm.
- Fügen Sie eine Tabelle (1 Spalte, 1 Zeile) ein.
- Formatieren Sie die Tabelle wie folgt: Tabellenbreite 14 cm, Zeilenhöhe 20 cm.
- Zentrieren Sie die gesamte Tabelle.
- Leiten Sie einen Seriendruck ein und greifen Sie dazu über Empfänger auswählen auf die Datei „Quelle Flyer“ zurück.
- Formulieren Sie eine persönliche Anrede mit der Wenn-dann-sonst-Bedingung.
- Erstellen Sie einen optisch ansprechenden Werbe-Flyer nach den Vorgaben der Situation.
- Fügen Sie an geeigneter Stelle das Logo der Markgraf Brunnen GmbH und die Datei **Produkte Markgraf Brunnen.jpg** ein.
- Weisen Sie auf eine Auswahl von Produkten hin, auf die die Markgraf Brunnen GmbH in der Angebotswoche 20 % Rabatt gewährt:
  - Fruchtsäfte: Orange, Limette, Kirsch, Banane, Feige
  - Mineralwasser: still, mit Kohlensäure, medium, Fruchtgeschmack
  - Neu im Sortiment: Wein-Mixgetränke (alkoholfrei)
Geschmacksrichtungen: Minze, Holunder, Brombeer
- Ergänzen Sie diese Produkte mit grafischen Elementen.
- Erstellen Sie im unteren Teil des Flyers eine Art „Abtrennabschnitt“ als deutlichen Hinweis für den 5-€-Gutschein.
- Formulieren Sie in diesem Gutschein eine persönliche Anrede des Empfängers.
- Verwenden Sie für den kompletten Abschnitt (auch für evtl. grafische Bestandteile) einheitlich die Farbe „Rot, Akzent 2, 40 % heller“.
- Nehmen Sie zusätzliche Gestaltungen nach eigener Vorstellung vor.
- Speichern Sie den Flyer unter dem Namen **Flyer als Seriendruck**.
- **Hinweise zum Drucken**
  - E-Mail und selektierte Datenquelle
  - Flyer ohne Feldfunktionen

Aufgabe 12: Markteinführung eines neuen Mineralwassers

Situation

Sie sind Mitarbeiter/-in der Marketingabteilung der Markgraf Brunnen GmbH und haben Artvollmacht. Das Unternehmen vertreibt Mineralwasser, Limonaden und Säfte. Es entwickelt zurzeit ein neues Mineralwasser „Markgraf BioTaste“ in verschiedenen Geschmacksrichtungen. Dazu hat die Abteilung ein Konzept für die Einführung auf dem Markt erarbeitet und verwendet als Grundlage Elemente aus dem Marketing-Mix (siehe Anlage Seite 41).

Das Konzept soll der gesamten Geschäftsführung und allen Abteilungsleitern und Abteilungsleiterinnen mit einer PowerPoint-Präsentation[1] auf einer Besprechung vorgestellt und anschließend diskutiert werden. Das Konzept wird nach der Präsentation in Form eines ansprechenden Handouts verteilt. Sie verzichten auf den Punkt „Distributionspolitik“, er ist für alle Produkte des Unternehmens gleich.

Die Leiterin der Marketingabteilung Isabelle Jung überträgt Ihnen die Vorbereitung für die Besprechung. Sie haben über Outlook bereits einen Termin gesetzt, an dem die Geschäftsführung und alle Abteilungsleiterinnen und Abteilungsleiter teilnehmen können. Er soll in der nächsten Woche freitags um 10:00 Uhr im Konferenzraum 1 stattfinden. Schriftlich laden Sie auch die stille Gesellschafterin Christel Pitzer zu der Besprechung ein.

---

[1] Nach derzeitigem Stand sind für die Abschlussprüfung Teil 1 Kenntnisse in PowerPoint nicht erforderlich.

Übung

Arbeitsanweisungen

Teil 1: PowerPoint-Präsentation erstellen

- Öffnen Sie in PowerPoint 2010 eine leere Präsentation.
- Verwenden Sie für alle Folien die Schriftart Arial.

a) Titelfolie erstellen

- Wählen Sie einen passenden Titel und einen Untertitel.

b) Inhaltsfolien für die Präsentation erstellen

- Die Überschriften der Folien erhalten die Schriftgröße 42.
- Fügen Sie als erste Folie eine Inhaltsübersicht ein.
- Erstellen Sie je Marketingaktivität eine Folie.
- Ändern Sie auf den Folien die Aufzählungszeichen für die Ebene 1 in ➲, Schriftgröße in 28.
- Ändern Sie auf den Folien die Aufzählungszeichen für die Ebene 2 in •, Schriftgröße 24.
- Hintergrundfarbe der Folien ist Dunkelblau, Text 2, heller 80 %.
- Fügen Sie eine Fußzeile ein: linksbündig Tagesdatum, zentriert „Marketingabteilung“, rechtsbündig Foliennummer. Die Fußzeile soll nicht auf der Titelfolie angezeigt werden.
- Wählen Sie für die Folien passende ClipArts aus.
- Achten Sie auf eine gute Aufteilung.
- Speichern Sie Ihre Präsentation unter **Mineralwasser_Nachname**.

Arbeitsanweisungen (Fortsetzung)

Teil 2: Handout für die Besprechung erstellen

- Öffnen Sie ein leeres Word-Dokument und speichern Sie es unter **Handout_Nachname**.
- Stellen Sie die Seitenränder ein: oben 3,0 cm alle anderen 2,0 cm.
- Verwenden Sie für das gesamte Dokument die Schriftart Arial.
- Fügen Sie rechtsbündig in der Fußzeile Ihren Namen ein.
- Geben Sie Ihrem Dokument eine aussagekräftige Überschrift und formatieren Sie diese in Schriftgröße 18 und fett, Schriftfarbe blau.
- Übernehmen Sie die Marketingaktivitäten „Produktpolitik, Preispolitik und Kommunikationspolitik" aus der Datei **Marketingkonzept**. Diese Überschriften formatieren Sie in Schriftgröße 18, Schriftfarbe blau.
- Verwenden Sie die Schriftart Arial mit der Schriftgröße 11 für das restliche Dokument.
- Ändern Sie die Aufzählungszeichen der Ebene 1 in ➲ und der Ebene 2 in •.
- Wechseln Sie die Ausrichtung des Dokumentes in Querformat.
- Stellen Sie die Aktivitäten in drei gleichmäßigen Spalten dar. Fügen Sie dazu für die Punkte „Preispolitik" und „Kommunikationspolitik" einen manuellen Spaltenumbruch ein.
- Übernehmen Sie die ClipArts aus Ihrer PowerPoint-Präsentation und platzieren Sie diese entsprechend in den jeweiligen Spalten.
- Platzieren Sie neben der Überschrift ClipArts mit Früchten der drei Geschmacksrichtungen, verkleinern Sie diese ggf. und formatieren Sie diese „passend".
- Achten Sie auf eine gute Übersicht und Raumaufteilung.
- Speichern Sie die Datei und drucken Sie diese aus.

Teil 3: Einladung zur Besprechung erstellen

- Öffnen Sie den Briefvordruck der Markgraf Brunnen GmbH.
- Speichern Sie die Datei unter **Einladung_Nachname**.
- Beschriften Sie die Fußzeile linksbündig mit Ihrem Namen, rechtsbündig mit dem Dateinamen.
- Laden Sie die stille Gesellschafterin Christel Pitzer, Breisgauer Straße 39, 79241 Ihringen, zur Besprechung ein. Berücksichtigen Sie die Angaben der Situation.
- Achten Sie auf eine gute Ausdrucksweise und auf die Einhaltung der DIN 5008.
- Speichern Sie die Datei und drucken Sie diese aus.

Anlage

Marketingkonzept zur Einführung des neuen Mineralwassers „Markgraf BioTaste"

Produktpolitik

- **Innovation:** Mineralwasser mit Geschmack ohne künstliche Aromastoffe und Zuckerzusatz
- **Produktgestaltung:** neue Glasflaschen in den Größen 0,25 l und 0,75 l
- **Produktvariation:** Mineralwasser mit und ohne Kohlensäure
  Geschmacksrichtungen „Zitrone", „Himbeere" und „Erdbeere"
- **Garantie, Qualitätszertifikat und Ökolabel**
- **Kundendienstleistung:** BestellG und Lieferservice, auf Wunsch sofortige Lieferung

Preispolitik

- **Preisstrategie**:
  - Abgrenzung zum unteren Preissegment der Mitbewerber wegen des Qualitätszertifikats und des Ökolabels
  - Einordnung in die mittlere Preisklasse
- **Preisdifferenzierung:**
  Einheitspreise im gesamten Absatzgebiet
- **Konditionen:**
  - Einführungsrabatte
  - Mengenrabatte und Skonto
  - für Stammkunden längere Zahlungsziele

Kommunikationspolitik

- **Werbung:**
  Werbebriefe an
  - Stammkunden
  - Supermärkte und Getränkehandel
  - Hotels und Gaststätten

  Anzeigen in der lokalen Presse
- **Verkaufsförderung:**
  Produktpräsentationen mit Verkostung in
  - Supermärkten und Getränkehandel
  - Hotels und Gaststätten

  Wasserglas je Kasten gratis während der Einführungsphase

Distributionspolitik

- **Vertriebssystem:**
  zentraler Absatz vom Unternehmen
- **Absatzwege:**
  - Direktbelieferung der Hotels und Gaststätten
  - indirekter Absatz über Supermärkte und Getränkehändler
- **Absatzform:**
  eigene Belieferung nach Bestellung
  (schriftlich, telefonisch, E-Mail oder Bestellsystem im Internet)

Teil B: Prüfungsübungen Excel 2010/2013/2016

Aufgabe 1: Ausbildungskosten

Situation

Sie sind in der Personalabteilung der Möbelfabrik Wohntal GmbH eingesetzt. Ihr Vorgesetzter bittet Sie, die Entwicklung der Ausbildungskosten der Wohntal GmbH mithilfe des Tabellenkalkulationsprogramms Excel aufzubereiten.

Übung

Arbeitsaufträge

1. Erstellen Sie im Programm Excel die folgende Tabelle oder laden Sie die Datei „Aufgabe 1".

	A	B	C	D	E
1	**Aufgabe 1**				
2					
3	**Ausbildungskosten Wohntal GmbH**				
4					
5	Jahr	Anzahl der Auszubildenden	Gesamtkosten	Kosten je Auszubildendem	Branchendurchschnitt Kosten je Auszubildendem
6	2001	11	60.775 €		5.680 €
7	2002	10	54.255 €		5.810 €
8	2002	9	50.762 €		5.890 €
9	2003	9	52.356 €		5.910 €
10	2004	12	70.084 €		5.980 €
11	2005	12	71.435 €		6.290 €
12	2006	15	96.751 €		6.470 €
13	2007	15	97.854 €		6.560 €
14	2008	14	96.211 €		6.690 €
15	2009	15	99.826 €		6.730 €
16	2010	16	105.624 €		6.820 €
17	2011	18	124.020 €		6.880 €
18	2012	20	149.598 €		6.870 €
19	2013	17	124.756 €		6.880 €
20	2014	18	131.224 €		6.890 €
21	2015	18	129.420 €		6.920 €
22	2016	17	120.996 €		6.975 €

2. Berechnen Sie in Spalte D mit einer geeigneten Formel die Kosten je Auszubildendem.
3. Formatieren Sie alle Zahlen im Währungsformat mit €-Symbol und zwei Nachkommastellen. Formatieren Sie die Ausrichtung der Spaltenüberschriften so, dass der Text nicht nur horizontal, sondern auch vertikal zentriert wird.
4. Erstellen Sie auf einem neuen Tabellenblatt ein Liniendiagramm, mit dessen Hilfe die Entwicklung der Kosten je Auszubildendem der Wohntal GmbH im Vergleich zu den Ausbildungskosten im Branchendurchschnitt veranschaulicht wird. Versehen Sie das Diagramm mit einer aussagekräftigen Überschrift und skalieren Sie die Y-Achse mit dem Minimum-Wert 5000 und dem Hauptintervall 200.
5. Der Geschäftsführer der Wohntal GmbH hat vor einiger Zeit geäußert, die Zahl der Auszubildenden des Unternehmens solle sich im Regelfall zwischen 12 und 18 bewegen. Berechnen Sie unterhalb der Tabelle mit Hilfe von geeigneten Funktionen
   a) die durchschnittliche Anzahl der Auszubildenden,
   b) den Anteil der Jahre mit mehr als 18 Auszubildenden sowie
   c) den Anteil der Jahre mit weniger als 12 Auszubildenden.
6. Die Abteilung Controlling hat in einem Bericht gegenüber der Geschäftsleitung die gestiegenen Ausbildungskosten problematisiert. Verfassen Sie dazu eine kurze Stellungnahme.
7. Richten Sie Ihre Seite so ein, dass die gesamte Aufgabe vollständig auf einer A4-Seite gedruckt werden kann.

Aufgabe 2: Umsatzstatistik

Situation

Die Möbelfabrik Wohntal GmbH mit Firmensitz Bielefeld beschäftigt im siebten Jahr fünf Außendienstmitarbeiter, die sich darum bemühen, die selbst hergestellten Möbel erfolgreich zu vertreiben. Der von den Außendienstmitarbeitern in den letzten sechs Jahren generierte Jahresumsatz lässt sich der folgenden Tabelle entnehmen.

Übung

Arbeitsaufträge

1. Erstellen Sie im Programm Excel die folgende Tabelle oder laden Sie die Datei „Aufgabe 2".

	A	B	C	D	E	F	G
1	**Aufgabe 2**						
2							
3	**Umsatzstatistik**						
4							
5		**1. Jahr**	**2. Jahr**	**3. Jahr**	**4. Jahr**	**5. Jahr**	**6. Jahr**
6	***Büttner, Bernd***	2.861.504	2.936.967	3.267.828	3.173.298	3.143.275	2.990.518
7	***Eismann, Jochen***	3.201.347	3.300.386	3.399.525	3.333.419	3.504.653	3.608.732
8	***Schmidt, Thorsten***	3.149.454	3.298.277	3.306.948	3.535.993	3.466.757	3.792.966
9	***Waldmann, Kai***	2.732.598	2.852.921	3.247.179	3.549.263	3.699.421	4.308.754
10	***Zeller, Stefan***	3.053.606	3.018.774	2.969.284	2.857.345	2.772.213	2.541.198
11							

2. Ergänzen Sie die Tabelle um eine Summenzeile und eine Summenspalte, in der der Gesamtumsatz der einzelnen Jahre bzw. der Gesamtumsatz der einzelnen Verkäufer errechnet wird.

3. Formatieren Sie die Vertreternamen und den Begriff „Summe" fett und kursiv sowie die Spaltenüberschriften (Jahreszahlen) jeweils fett. Zentrieren Sie die Jahreszahlen über den Spalten. Versehen Sie die Tabelle mit einem Gitternetz (s.o.).

4. Formatieren Sie alle Zahlen im Währungsformat mit €-Symbol ohne Nachkommastellen.

5. Erstellen Sie ein Liniendiagramm, mit dessen Hilfe die Entwicklung des Umsatzes der einzelnen Mitarbeiter für den gesamten Zeitraum veranschaulicht wird. Skalieren Sie die Y-Achse des Diagramms mit einem Minimum-Wert von 2500000 €, einem Maximum-Wert von 4500000 € und einem Intervall (Hauptstriche) von 200000.

6. Stellen Sie in einem Kreisdiagramm („Explodierter 3D-Kreis") dar, wie groß die prozentualen Anteile der einzelnen Mitarbeiter am Gesamtumsatz waren (Summen der letzten sechs Jahre).

7. Ihr Vorgesetzter bittet Sie, die Arbeit der einzelnen Außendienstmitarbeiter auf der Grundlage des vorliegenden Datenmaterials zu beurteilen. Öffnen Sie dazu ein Textfeld und verfassen Sie ein entsprechendes Statement. Nutzen Sie zur Vermeidung von Rechtschreibfehlern die Rechtschreibprüfung von Excel.

8. Richten Sie Ihre Seite so ein, dass die gesamte Aufgabe vollständig auf einer A4-Seite gedruckt werden kann.

Aufgabe 3: Lohnliste

Situation

Sie sind in der Personalabteilung der Möbelfabrik Wohntal GmbH eingesetzt. Sie werden beauftragt, für den Monat Mai die Lohnliste der Abteilung Produktion mithilfe des Tabellenkalkulationsprogramms Excel aufzubereiten.

Übung

Arbeitsaufträge

1. Erstellen Sie im Programm Excel die folgende Tabelle oder laden Sie die Datei „Aufgabe 3".

	A	B	C	D	E	F	G	H
1	**Aufgabe 3**							
2								
3	**Lohnliste der Mitarbeiter in der Produktion der Wohnthal GmbH, Monat Mai**							
4								
5	**Name**	**Stundenlohn € / Std.**	**Wochenarbeitszeit Std. / Wo.**	**Monatsgrundlohn € / Monat**	**Überstundenlohn € / Std.**	**Überstunden Std. / Monat**	**Überstundenlohn € / Monat**	**Gesamtlohn € / Monat**
6	Bär, Thomas	13,60	37,0			16,0		
7	Schneider, Karin	10,00	37,0			13,0		
8	Özdemir, Murat	13,60	37,0			8,0		
9	Jehnke, Ben	12,90	37,0			11,0		
10	Hofmann, Johann	11,90	37,0			12,0		
11	Inanir, Kadir	11,90	37,0			13,0		
12	Ögelmann, Kadri	11,90	37,0			6,0		
13	Radomisli, Rafa	10,00	37,0			8,0		
14	Gülenay, Kalkan	12,50	37,0			4,0		
15	Pfaff, Oskar	14,50	37,0			2,0		
16	Engelmann, Tim	14,50	37,0			5,0		
17	Guthmann, Franz	15,50	37,0			6,0		
18	Pfeiffer, Theresa	11,90	37,0			13,0		
19	Kolb, Heiko	14,50	37,0			9,0		
20	Ackermann, Kevin	14,50	37,0			8,0		
21	Hofer, Alexander	15,50	37,0			4,0		
22	Dell, Tobias	14,50	37,0			12,0		
23	Lachmann, Markus	12,90	37,0			10,0		
24	Schmidt, Benjamin	13,60	37,0			9,0		
25	Volkers, Klara	10,00	37,0			27,0		
26	**Mittelwert**							
27	**Minimum**							
28	**Maximum**							
29	**Summe**							

2. Zentrieren Sie die Überschrift „Lohnliste der Mitarbeiter …" über den Spalten A bis H und versehen Sie sie mit einem gelben Hintergrund.

3. Sortieren Sie die aufgeführten Mitarbeiter in alphabetischer Reihenfolge.

4. Berechnen Sie in der Spalte E mithilfe einer geeigneten Formel den jeweiligen Überstundenlohn der einzelnen Mitarbeiter. Der Überstundenlohn (in €/Std.) setzt sich zusammen aus dem Stundenlohn und einem 20 %-igen Überstundenzuschlag.

5. Gehen Sie davon aus, dass der Monat Mai exakt vier Arbeitswochen hat. Ermitteln Sie mit mithilfe einer geeigneten Funktion
   a) den Monatsgrundlohn (in €/Monat) ⇒ Spalte D,
   b) den Überstundenlohn (in €/Monat) ⇒ Spalte G und
   c) den Gesamtlohn (in €/Monat) ⇒ Spalte H.

6. Berechnen Sie für die Spalte B bis H mithilfe einer geeigneten Funktion
   a) den Mittelwert ⇒ Zeile 26,
   b) das Minimum ⇒ Zeile 27 und
   c) das Maximum ⇒ Zeile 28.

7. Berechnen Sie in der Zeile 29 für die Spalten, für die es Ihnen sinnvoll erscheint, mithilfe einer geeigneten Funktion die Summe.

Arbeitsaufträge (Fortsetzung)

8. Zentrieren Sie alle Werte in den Spalten. Formatieren Sie alle €-Beträge als Zahl mit zwei Nachkommastellen und 1000er-Trennzeichen und alle Stundenangaben als Zahl mit einer Nachkommastelle. Die berechneten Mittel-, Minimal- und Maximalwerte sowie die Summen sollen im Fettdruck erscheinen.

9. Erstellen Sie in einem eigenen Registerblatt („Diagramm verschieben" auf „Neues Blatt") ein Säulendiagramm, das für alle Mitarbeiter den Monatsgrundlohn (in €/Monat) sowie den Überstundenlohn (in €/Monat) als gestapelte 3-D-Säulen darstellt. Die Legende soll unterhalb des Diagramms erscheinen. Versehen Sie das Diagramm mit einer passenden Überschrift. Benennen Sie auch das Registerblatt mit dem Diagramm um in „Monats- und Überstundenlohn".

10. Lassen Sie sich mit Hilfe der Filterfunktion alle Mitarbeiter mit einem Stundenlohn von 10,00 EUR anzeigen. Heben Sie den Filter anschließend wieder auf.

11. Nutzen Sie die Funktion „Ausblenden" (rechte Maustaste) um die Zeilen mit den Mitarbeitern mit einem Stundenlohn von 15,50 EUR auszublenden. Beobachten Sie, ob sich die berechneten Mittel- und Maximumwerte durch das Ausblenden verändern. Blenden Sie die Mitarbeiter anschließend wieder ein.

12. Als der Personalleiter Ihre Auswertung sieht, schüttelt er den Kopf und meint: „So geht das nicht! Kein Wunder, dass sich die Volkers beschwert!". Was ist mit dieser Aussage gemeint? Was wird der Pesonalchef nun vermutlich unternehmen? Verfassen Sie dazu eine kurze Stellungnahme in einem separaten Textfeld.

13. Richten Sie Ihre Seite so ein, dass die Tabelle und Ihr Kommentar (Aufgabe 10) auf einer und das Diagramm auf einer zweiten Seite gedruckt werden kann.

Aufgabe 4: Nutzwertanalyse

Situation

In der Markgraf Brunnen GmbH, einem mittelständischen Getränkehersteller mit Firmensitz in Freiburg im Breisgau steht eine wichtige Investitionsentscheidung an. Es ist geplant, eine neue automatische Flaschenabfüllanlage anzuschaffen. Nach einer Vorauswahl soll nun die Entscheidung zwischen den zwei verbliebenen Angeboten unter Berücksichtigung aller Entscheidungskriterien getroffen werden. Als Mitarbeiter/in der Abteilung Einkauf werden Sie beauftragt, mithilfe einer Nutzwertanalyse die Entscheidungsgrundlagen aufzubereiten.

Übung

Arbeitsaufträge

	A	B	C	D	E	F
1	**Aufgabe 4**					
2						
3						
4	**Nutzwertanalyse Markgraf Brunnen GmbH**					
5						
6				Eingabefelder		
7	**Kalkulation**					
8						
9			**Conrad Systems GmbH**		**Dr. Bechert GmbH & Co. KG**	
10			**Eingabe**	**Ausgabe**	**Eingabe**	**Ausgabe**
11	**Listeneinkaufspreis**		79.490,00 €		88.500,00 €	
12	**- Lieferrabatt**		5%		10%	
13	**= Zieleinkaufspreis**					
14	**- Liefererskonto**		2%		3%	
15	**= Bareinkaufspreis**					
16	**+ Bezugskosten**		1.250,00 €		850,00 €	
17	**= Bezugspreis (Einstandspreis)**					
18						
19						
20	**Nutzwertanalyse**					
21						
22			**Conrad Systems GmbH**		**Dr. Bechert GmbH & Co. KG**	
23	**Entscheidungskriterien**	**Gewichtung in %**	**Punkte (0 - 10)**	**Gewichtete Punkte**	**Punkte (0 - 10)**	**Gewichtete Punkte**
24	**Preis**	35	6		4	
25	**Produktqualität**	30	8		9	
26	**Service/Kundendienst**	15	6		9	
27	**Zuverlässigkeit**	10	7		7	
28	**Lieferbedingungen**	5	3		5	
29	**Zahlungsbedingungen**	5	3		5	
30	**Summe**	100				

1. Erstellen Sie im Programm Excel die oben dargestellte Tabelle oder laden Sie die Datei „Aufgabe 4“.
2. Führen Sie in der Spalte D und F jeweils eine Bezugskalkulation für das Angebot der Conrad System GmbH bzw. der Dr. Bechert GmbH & Co. KG durch. Fügen Sie dazu die entsprechenden Formeln ein, so dass die Berechnung der Werte für die Bezugskalkulation automatisch aus den in den Spalten C bzw. E gelb hinterlegten Daten erfolgt.
3. Formatieren Sie die berechneten Werte als Zahlen der Kategorie Buchhaltung mit 2 Nachkommastellen und €-Symbol.
4. Führen Sie in der Spalte D und F jeweils eine Nutzwertanalyse für das Angebot der Conrad System GmbH bzw. der Dr. Bechert GmbH & Co. KG durch. Fügen Sie dazu die entsprechenden Formeln ein, so dass die Berechnung der Werte für die gewichtete Bepunktung automatisch aus den in den Spalten C bzw. E gelb hinterlegten Daten erfolgt.

Arbeitsaufträge (Fortsetzung)

5. Bilden Sie in der Zeile 30 jeweils einen Summenwert für die gewichteten Punkte der Nutzwertanalyse und formatieren Sie alle gewichteten Punktwerte als Zahl mit zwei Nachkommastellen.

6. Formatieren Sie die errechneten Bezugspreise sowie die Summen der gewichteten Punktwerte der Nutzwertanalyse in Arial 12 pt fett.

7. Blenden Sie die Spalte B aus. Beobachten Sie, ob sich an den berechneten Werten etwas ändert. Blenden Sie die Spalte B anschließend wieder ein.

8. Erstellen Sie auf einem eigenem Tabellenblatt ein 3-D-Säulendiagramm (gruppiert), das die Einzelergebnisse der Nutzwertanalyse, also die gewichteten Punkte der beiden Angebote für die einzelnen Entscheidungskriterien einander gegenüberstellt. Versehen Sie das Diagramm mit einer aussagefähigen Überschrift. Die Legende sowie die Achsenbeschriftung sollen jeweils in Calibri 11 pt fett, die Überschrift in Calibri 18 pt fett und unterstrichen formatiert werden.

9. Erläutern Sie Ihrem Chef auf der Grundlage der Ergebnisse der Nutzwertanalyse in einem kurzen schriftlichen Statement, für welches der beiden Angebote Sie sich entscheiden würden.

10. Richten Sie Ihre Seite so ein, dass die Tabelle und Ihr Kommentar (Aufgabe 9) auf einer und das Diagramm auf einer zweiten Seite gedruckt werden kann.

Aufgabe 5: Kostenübersicht

Situation

Als Mitarbeiterin bzw. Mitarbeiter in der Abteilung „Allgemeine Verwaltung" werden Sie von Ihrem Abteilungsleiter gebeten, die Kosten der Abteilung im Fünfjahresvergleich darzustellen.

Übung

Arbeitsaufträge

	A	B	C	D	E	F
1	**Aufgabe 5**					
2						
3	**Kostenübersicht**					
4						
5		1. Jahr	2. Jahr	3. Jahr	4. Jahr	5. Jahr
6	Materialverbrauch	618763	682989	655911	621891	588874
7	Kommunikationsaufwand	389024	430936	458912	510723	545967
8	Energieaufwand	219892	245630	209855	199765	200114
9	Abschreibungen	530250	530250	530250	410000	410000
10	Gehälter / Sozialaufwand	911340	981430	1015421	1040120	1070645
11	Mieten	60000	60000	60000	75500	75500
12	Sonstige Kosten	3412	4112	3421	5231	1987
13						

1. Erstellen Sie die abgebildete Tabelle oder laden Sie die Datei „Aufgabe 5".
2. Ergänzen Sie eine Spalte, in der Sie die Summen für den Fünfjahreszeitraum berechnen.
3. Berechnen Sie den jährlichen Gesamtaufwand für jedes der fünf Jahre.
4. Berechnen Sie für jedes Jahr den prozentualen Anteil des Kommunikationsaufwandes am jährlichen Gesamtaufwand.
5. Berechnen Sie für jedes Jahr den prozentualen Anteil des Materialverbrauchs am jährlichen Gesamtaufwand.
6. Formatieren Sie die in 4. und 5. berechneten Ergebnisse in Prozent mit zwei Nachkommastellen.
7. Berechnen Sie mithilfe der entsprechenden Funktionen für jede Aufwandsart den Jahresdurchschnitt, den Maximalwert und den Minimalwert im Fünfjahresvergleich.
8. Formatieren Sie die Überschrift im Schriftformat Arial 12pt, fett, unterstrichen und die Zeilen- und Spaltenbezeichnungen jeweils fett. Zentrieren Sie die Spaltenüberschriften.
9. Formatieren Sie alle Zahlen mit 1000er-Trennzeichen ohne Nachkommastellen.
10. Erstellen Sie ein Säulendiagramm, in dem der Vergleich der Anteile des Kommunikationsaufwands und des Materialverbrauchs am jährlichen Gesamtaufwand veranschaulicht wird. Das Diagramm soll die Entwicklung dieser Anteile (ohne den Gesamtaufwand) über die gesamten fünf Jahre zeigen.
11. Erläutern Sie kurz, wie sich die Anteile des Kommunikationsaufwands und des Materialverbrauchs im Fünfjahreszeitraum entwickelt haben.
12. Richten Sie Ihre Seite so ein, dass die gesamte Aufgabe vollständig auf einer A4-Seite gedruckt werden kann.

Aufgabe 6: Angebotsvergleich

Situation

Sie sind als Mitarbeiterin bzw. Mitarbeiter in der Abteilung Einkauf der Bürobedarf Müngsten GmbH verantwortlich für die Beschaffung von Büromöbeln, mit denen die Bürobedarf Müngsten GmbH handelt. Ihnen liegen Angebote der SEATAN GmbH und BÜMO GmbH & Co. KG vor, die Ihnen jeweils qualitativ gleichwertige Bürostühle anbieten. Sie haben geplant, 20 Bürostühle zu beschaffen.

Übung

Arbeitsaufträge

1. Erstellen Sie die folgende Tabelle oder laden Sie die Datei „Aufgabe 6".

	A	B	C	D	E
1	**Aufgabe 6**				
2					
3	**Angebotsvergleich**				
4					
5	Geplante Bestellmenge: 20				
6					
7		**Angebot SEATAN GmbH**		**Angebot BÜMO GmbH & Co. KG**	
8	Stückpreis		416,00 €		429,00 €
9	Rabatt bei Abnahme von mind.	20 Stück	12,50%	15 Stück	15,00%
10	Skonto bei Zahlung innerhalb von	8 Tagen	2,50%	8 Tagen	3,00%
11	Bezugskosten je Stück		2,25 €		1,85 €
12	zusätzliche Lieferkosten	bis 40 Stück	55,50 €	bis 35 Stück	47,50 €

2. Ergänzen Sie auf dem Tabellenblatt das folgende Kalkulationsschema der Bezugskalkulation. Achten Sie dabei auch auf die entsprechenden Formatierungen.

14					
15	Bezugskalkulation	**Angebot SEATAN GmbH**		**Angebot BÜMO GmbH & Co. KG**	
16		**in %**	**in EUR**	**in %**	**in EUR**
17	Listeneinkaufspreis (LEP)				
18	- Rabatt				
19	= Zieleinkaufspreis (ZEP)				
20	- Skonto				
21	= Bareinkaufspreis				
22	+ Bezugskosten				
23	= Bezugspreis (Einstandspreis)				
24					
25	**Bezugspreis pro Stück**				

3. Berechnen Sie mit der erstellen Tabelle auf der Grundlage der in den beiden Angeboten vorgegebenen Werten jeweils den Bezugspreis für 20 Stück und den Bezugspreis pro Stück. Setzen Sie soweit wie möglich Formeln und Funktionen ein, sodass die Angaben der beiden Angebote (Zellbereich B8 bis E12) im Kalkulationsschema automatisch berücksichtigt werden.
4. Formatieren Sie alle Geldwerte als Währung mit zwei Nachkommastellen ohne €-Symbol. Die berechneten Bezugspreise pro Stück sollen in Fettschrift erscheinen.
5. Welches der beiden Angebote ist günstiger? Wie wäre es, wenn der Rabatt der BÜMO GmbH & Co. KG nur 14 % betragen würde? Nennen Sie drei qualitative Kriterien, die neben dem Bezugspreis beim Angebotsvergleich als Entscheidungskriterien herangezogen werden sollten. Welchen Stellenwert haben solche qualitativen Kriterien für den vorliegenden Angebotsvergleich?
6. Richten Sie Ihre Seite so ein, dass die gesamte Aufgabe vollständig auf einer A4-Seite gedruckt werden kann.

Aufgabe 7: ABC-Analyse

Situation

Sie sind Mitarbeiterin bzw. Mitarbeiter der Radmarkt Reif KG und dort in der Abteilung Einkauf eingesetzt. Ihr Vorgesetzter bitte Sie, mit Hilfe von Excel eine ABC-Analyse der Lieferanten vorzunehmen.

Übung

Arbeitsaufträge

1. Erstellen Sie die folgende Tabelle oder laden Sie die Datei „Aufgabe 7".

	A	B	C	D	E
1	**Aufgabe 7**				
2					
3	**ABC-Analyse Radmarkt Reif KG**				
4					
5	Kategorie	Mindestanteil am Gesamteinkaufswert			
6	A	10%			
7	B	5%			
8	C	alle übrigen			
9					
10					
11	Lieferanten-Nr.	Lieferant	Einkaufswert	Anteil am Gesamteinkaufswert	ABC-Analyse
12	44101	Alpina Velo GmbH			
13	44102	Safetyride Ltd.			
14	44104	RADioACTIV GmbH			
15	44201	Conti AG			
16	44202	Zweiradtechnik GmbH			
17	44301	Neumann & Söhne OHG			
18	44302	Velo Fun KG			
19	44304	HEHA Radzubehör GmbH			
20	44305	R & S GmbH			
21	44307	FST & Partner KG			
22	Gesamt				
23					
24					
25	Kategorie	Anteil am Gesamteinkaufswert	Anzahl der Lieferanten		
26	A				
27	B				
28	C				

2. Ermitteln Sie im Zellbereich C12 bis C21 die Summe der Einkaufswerte der einzelnen Lieferanten. Greifen Sie dabei mit einer geeigneten Funktion auf die Daten des Tabellenblattes „Beschaffungswerte" zu. Ermitteln Sie die Summe der Einkaufswerte und formatieren Sie alle Werte als Währung mit €-Symbol und zwei Nachkommastellen.
3. Berechnen Sie den prozentualen Anteil je Lieferant am Gesamteinkaufswert.
4. Ermitteln Sie in der Spalte E mit einer geeigneten Funktion, welcher Kategorie (A, B oder C) der jeweilige Lieferant zuzuordnen ist. Vervollständigen Sie anschließend mit Hilfe geeigneter Funktionen die Tabelle A25 bis C28.
5. Sortieren Sie die Tabelle A12 bis C21 nach dem Einkaufswert absteigend.
6. Fügen Sie ein Säulendiagramm ein, das die Einkaufswerte je Lieferant im Vergleich verdeutlicht. Geben Sie dem Säulendiagramm eine aussagekräftige Überschrift.
7. Richten Sie Ihre Seite so ein, dass sie auf einer A4-Seite gedruckt werden kann.

Aufgabe 8: Investitionen

Situation

Sie sind Mitarbeiterin bzw. Mitarbeiter des Getränkeherstellers Markgraf Brunnen GmbH mit Firmensitz in Freiburg im Breisgau und werden beauftragt, mithilfe von Excel die Investitionen Ihres Unternehmens zu analysieren.

Übung

Arbeitsaufträge

1. Erstellen Sie die folgende Tabelle oder laden Sie die Datei „Aufgabe 8".

	A	B	C	D	E
1	**Aufgabe 8**				
2					
3	Investitionen der Markgraf Brunnen GmbH				
4					
5					
6		I. Quartal	II. Quartal	III. Quartal	IV. Quartal
7	Maschinen	96429	159498	178947	0
8	Fuhrpark	59950	0	0	53890
9	Computerausstattung	34985	14513	0	12996
10	Büromöbel	698	1292	495	445
11	Weiterbildung	0	15598	1195	1098
12	Sonstige Investitionen	12894	29991	5897	7618
13					

2. Berechnen Sie die Summen für die einzelnen Quartale sowie für die einzelnen Investitionsbereiche (Maschinen, Fuhrpark etc.).
3. Berechnen Sie – beginnend mit dem II. Quartal – die Differenz der Investitionssumme im Vergleich zum unmittelbar vorhergehenden Quartal.
4. Berechnen Sie – beginnend mit dem II. Quartal – die prozentuale Veränderung der Investitionssumme im Vergleich zum unmittelbar vorhergehenden Quartal.
5. Formatieren Sie die Überschrift "Investitionen der Markgraf Brunnen GmbH" im Schriftformat Times New Roman 14 pt, fett und unterstrichen, die einzelnen Investitionsbereiche in Times New Roman 12 pt, fett und kursiv sowie die Zeilen- und Spaltenbezeichnung „Summe" und die Quartalsüberschriften in Times New Roman 12 pt und fett. Alle Zahlen sollen im Währungsformat mit zwei Nachkommastellen und €-Symbol erscheinen.
6. Erstellen Sie ein Kreisdiagramm, das die Anteile der einzelnen Investitionsbereiche an der jährlichen Gesamtinvestition verdeutlicht. Versehen Sie das Diagramm mit einer aussagefähigen Überschrift und einer Legende rechts neben dem Diagramm im Schriftformat Arial 9 pt.
7. Der Geschäftsführer der Markgraf Brunnen GmbH möchte einen gerafften Bericht über die von Ihnen ausgewerteten Zahlen. Dabei interessieren ihn vor allem zwei Fragen:
   - Welchen Anteil haben die Investitionen in neue Maschinen am Gesamtinvestitionsvolumen?
   - Wie hat sich das Investitionsvolumen im Laufe des Jahres von Quartal zu Quartal entwickelt? Gibt es irgendwelche Besonderheiten? Wie erklären sich diese?
8. Richten Sie Ihre Seite so ein, dass die gesamte Aufgabe vollständig auf einer A4-Seite gedruckt werden kann.

Aufgabe 9: Artikeldatei

Situation

Sie sind als Mitarbeiterin bzw. Mitarbeiter in der Abteilung Einkauf der Bürobedarf Müngsten GmbH eingesetzt und bearbeiten die folgende Artikeldatei.

Übung

Arbeitsaufträge

1. Erstellen Sie die folgende Tabelle oder laden Sie die Datei „Aufgabe 9“.

	A	B	C	D	E	F	G	H	I
1	**Aufgabe 9**								
2									
3	Artikeldatei Bürobedarf Müngsten GmbH								
4									
5	Artikel-Nr	Gattung	Artikelname	Verkaufspreis (netto)	Verkaufspreis (brutto)	Meldebestand	Lagerbestand	Lieferanten-Nr.	Wiederbeschaffung
6	11001	Büromaterial	Korrekturroller - 2er Set		1,99 €	9	15	5161	
7	11012	Büromaterial	Haftnotizen Klebezettel		3,95 €	20	18	5161	
8	11483	Büromaterial	Post-it Organizer		19,95 €	20	24	5161	
9	11895	Büromaterial	Fineliner 25er Etui		12,95 €	9	10	5233	
10	12104	Büromaterial	Pigment Liner		4,95 €	8	6	5234	
11	12409	Büromaterial	Kugelschreiber		6,95 €	5	10	5344	
12	12411	Büromaterial	Füllfederhalter		19,95 €	5	9	5672	
13	12413	Büromaterial	Faserschreiber		6,95 €	5	7	5897	
14	14358	Büromaterial	Textmarker 8er Set		8,95 €	4	5	6157	
15	14982	Büromaterial	Whiteboard Marker		7,95 €	3	2	6157	
16	15070	Büromaterial	OHP-Marker 5er Set		9,98 €	8	10	5735	
17	15079	Büromaterial	Textmarker 4er Etui		2,99 €	7	10	5137	
18	16045	Büromaterial	Bleistiftspitzer		1,99 €	20	23	4089	
19	16471	Büromaterial	Dosenspitzer		4,99 €	15	17	4089	
20	16754	Büromaterial	Radiergummi		2,99 €	15	18	4089	
21	21389	Ablagesysteme	Ablagebox		5,95 €	5	7	6782	
22	23458	Ablagesysteme	Schreibtischbox		4,98 €	5	7	6945	
23	23499	Ablagesysteme	Ordnungsmappe		5,98 €	5	6	7866	
24	23438	Ablagesysteme	Ringbuchmappe		24,95 €	3	4	7866	
25	23678	Ablagesysteme	Dokumentenmappe		9,95 €	5	10	7866	
26	24978	Ablagesysteme	Fächermappe		14,95 €	5	11	7866	
27	27583	Ablagesysteme	Pultordner		19,95 €	5	6	7866	
28	33002	Ablagesysteme	Präsentationsmappe		9,95 €	10	8	7866	
29	33148	Ablagesysteme	Eckspanner		5,99 €	15	24	5988	
30	47835	Ablagesysteme	Hängetasche Set		9,95 €	10	14	6725	
31	48735	Ablagesysteme	Konferenzmappe		29,95 €	8	9	7866	
32	57935	Ablagesysteme	Ordner		5,95 €	20	35	4836	
33	58201	Ablagesysteme	Schnellhefter		2,99 €	20	23	4836	
34	69452	Ablagesysteme	Stehsammler		13,99 €	9	14	4836	
35	69910	Büromöbel	Aktenvernichter		139,95 €	3	2	7389	
36	71685	Büromöbel	Telefonarm		49,95 €	3	4	9456	
37	71345	Büromöbel	Rollcontainer		99,95 €	2	3	8346	
38	74583	Büromöbel	Hängeregisterschrank		295,95 €	2	3	8346	
39	86543	Büromöbel	Bürostuhl		249,95 €	3	5	9238	
40	87598	Büromöbel	Besucherstuhl		89,95 €	3	5	9238	
41	94537	Büromöbel	Schreibtisch		395,95 €	2	3	9877	
42	98426	Büromöbel	Konferenztisch		495,95 €	2	3	9877	

2. Formatieren Sie die Überschrift „Artikeldatei Bürobedarf Müngsten GmbH“ in Arial 12pt fett und unterstrichen.

3. Formatieren Sie die Spaltenüberschriften fett und versehen Sie sie mit einem hellgrauen Hintergrund. Die Zeilenhöhe der Spaltenüberschriften soll den Wert 20 betragen. Versehen Sie die gesamte Tabelle mit einem Gitternetz.

4. Berechnen Sie in der Spalte D mithilfe einer geeigneten Formel die Verkaufspreise (netto).

5. Fixieren Sie die Spaltenüberschrift (Zeile 5) über die Funktion „Fenster einfrieren“, sodass Sie die Artikel bei feststehenden Spaltenüberschriften scrollen können.

6. In der Spalte I soll mithilfe der WENN-Funktion eine automatische Überprüfung stattfinden, ob eine Bestellung notwendig ist. Ist der Lagerbestand ausreichend, soll hier der Schriftzug „Auf Lager“ erscheinen. Muss eine Bestellung erfolgen, soll der Hinweis „Bestellung!!!“ dies automatisch anzeigen.

7. Filtern Sie über die Nutzung der Funktion „Filtern“ die Daten der Gattung „Ablagesysteme“ aus.

Arbeitsaufträge (Fortsetzung)

8. Sortieren Sie die Daten über die Funktion „Benutzerdefiniertes Sortieren" nach den drei folgenden Kriterien:
   1. Sortierung: Gattung (Werte, A – Z)
   2. Sortierung: Verkaufspreis netto (Werte, nach Größe aufsteigend)
   3. Sortierung: Artikelname (Werte, A – Z)

9. Ihr Vorgesetzter möchte von Ihnen wissen, für welchen prozentualen Anteil aller Artikel der Meldebestand 10 oder höher ist. Berechnen Sie dies unterhalb der Tabelle mit Hilfe einer geeigneten Funktion.

10. Erläutern Sie, wie Sie bei der Lösung der Aufgabe 7 (Spalte I) vorgegangen sind. Gehen Sie dabei darauf ein, wie der Mindestbestand definiert ist und wie er sich vom Meldebestand abgrenzen lässt.

11. Richten Sie Ihre Seite so ein, dass die gesamte Aufgabe vollständig auf einer A4-Seite gedruckt werden kann.

Aufgabe 10: Akkord- und Prämienlohnberechnung

Situation

Sie sind in der Personalabteilung der Möbelfabrik Wohntal GmbH im Bereich Entgeltberechnung eingesetzt. Ihr Vorgesetzter bittet Sie, die monatliche Lohnberechnung für die in der Produktion beschäftigten Mitarbeiter vorzunehmen. Eine kleine Gruppe der Beschäftigten erhält einen Monatslohn, der sich aus dem Stückakkord und einer Qualitätsprämie zusammensetzt. Ihre Aufgabe besteht nun darin, für diese Mitarbeiter den Monatslohn mithilfe der nachfolgend abgebildeten Excel-Tabelle zu ermitteln.

Übung

Arbeitsaufträge

1. Erstellen Sie die dargestellte Tabelle oder laden Sie die Datei „Aufgabe 10".

	A	B	C	D	E	F	G	H
1	**Aufgabe 10**							
2								
3	**Akkord- und Prämienlohnberechnung**							
4								
5								
6	**Gefertigte Menge**	**Lohn pro Stück**		**Fehlerhafte Stückzahl ab**	**Qualitätsprämie pro Monat**			
7	0	9,80 €		0	250,00 €			
8	150	10,90 €		3	0,00 €			
9								
10	**Personal-Nr.**	**Name**	**Fertigungsmenge pro Monat**	**davon fehlerhaft**	**Lohn pro Stück**	**Qualitätsprämie**	**Gesamtlohn pro Monat**	**Rang beim Gesamtlohn**
11	20187	Bankmann, Ralf	158	3				
12	20925	Bastürk, Ali	143	1				
13	21027	Chersey, Tom	153	2				
14	22031	Dietl, Christian	167	5				
15	23745	Ebermann, Fritz	142	1				
16	23917	Jehnke, Tobias	137	0				
17	27491	Özdemir, Ahmet	202	6				
18	28145	Öztürk, Ömer	213	9				
19	28351	Paul, Stephan	154	1				
20	29014	Pöhlmann, Steffen	149	0				
21	29361	Zeller, Franz	159	4				

2. Ergänzen Sie in der Zeile 23 eine Zeile, in der Sie in den Spalten, in denen es sinnvoll ist, die Spaltensumme berechnen.

3. Berechnen Sie die fehlenden Werte in der Spalte E und F mithilfe einer kopierfähigen Wenn-Funktion.

4. Berechnen Sie den Gesamtlohn pro Monat (Spalte G) und mithilfe der Rang-Funktion den Rang, also die Reihenfolge im Hinblick auf den Gesamtlohn (Spalte H).

5. Fügen Sie an geeigneter Stelle eine Spalte in die Tabelle ein, in der Sie für jeden Mitarbeiter die Fehlerquote, also den prozentualen Anteil der fehlerhaften Stücke von der jeweils hergestellten Fertigungsmenge, ermitteln. Formatieren Sie die berechneten Werte als Prozentzahlen mit einer Nachkommastelle.

6. Formatieren Sie alle berechneten Geldwerte rechtsbündig als Zahl mit zwei Nachkommastellen und €-Symbol sowie den Rang als zentrierte Zahl ohne Nachkommastellen.

7. Sortieren Sie die Daten über die Funktion „Benutzerdefiniertes Sortieren" nach den zwei folgenden Kriterien.
   1. Sortierung: Fehlerquote (Werte, aufsteigend)
   2. Sortierung: Name (Werte, A – Z)

Arbeitsaufträge (Fortsetzung)

8. Der Vergleich aller Mitarbeiter soll grafisch veranschaulicht werden. Erstellen Sie dazu jeweils ein Säulendiagramm für die Fehlerquote und den Gesamtlohn. Versehen Sie beide Diagramme mit einer aussagekräftigen Überschrift, sodass auf eine Legende verzichtet werden kann.

9. Ihre Chefin äußert bei einem Blick auf die beiden Diagramme wie folgt: „Da sehen wir deutlich, dass wir den Akkordlohn noch stärker über den Prämienlohn abfedern müssen!". Erläutern Sie diese Aussage in einem kurzen schriftlichen Statement, das Sie in einem Textfeld unterhalb der Diagramme platzieren.

10. Richten Sie Ihre Seite so ein, dass die gesamte Aufgabe vollständig auf einer A4-Seite gedruckt werden kann.

Aufgabe 11: Handelsspanne

Situation

Sie sind Mitarbeiterin bzw. Mitarbeiter der Young Cosmetics KG und sollen die Handelsspannen verschiedener Parfüms anhand deren Einkaufs- und Verkaufspreis analysieren.

Übung

Arbeitsaufträge

1. Erstellen Sie die folgende Tabelle oder laden Sie die Datei „Aufgabe 11".

	A	B	C	D	E
1	**Aufgabe 11**				
2					
3	Auswertung der Handelsspannen der Young Cosmetics KG				
4					
5	Produkt	Einkaufspreis (netto)	Verkaufspreis (netto)	Handelsspanne	Verkaufspreis (brutto)
6					
7	"Beauty Woman"	23,50	37,80		44,98
8	"Bottled Homme"	22,99	33,60		39,98
9	"Classique femme"	6,90	11,75		13,98
10	"Desire"	29,99	47,05		55,99
11	"Ladylike"	21,50	33,60		39,98
12	"Obsession"	24,90	37,80		44,98
13	"One unisex"	20,00	27,72		32,99
14	"Parfum de France"	7,95	16,80		19,99
15					

2. Berechnen Sie die Handelsspanne mit der Formel:
   Handelsspanne = (Verkaufspreis – Einkaufspreis) / Verkaufspreis
3. Erweitern Sie die Tabelle zusätzlich um die Durchschnittswerte der Einkaufspreise (netto), Verkaufspreise (netto), Handelsspannen und Verkaufspreise (brutto) durch die Eingabe der entsprechenden Funktionen in die Zeile 15.
4. Formatieren Sie alle Geldbeträge im Währungsformat mit €-Symbol und zwei Nachkommastellen sowie die Handelsspannen in Prozent ohne Nachkommastelle.
5. Fügen Sie im Zellbereich A5 bis A14 zusätzliche Zellen so ein, dass sich die restliche Tabelle um eine Zelle nach rechts verschiebt.
6. Verbinden Sie die Zellen A7 bis A14 zu einem Zellbereich und schreiben Sie in diesen Zellbereich in Fettschrift den Überbegriff Parfüms. Das Wort soll 90° gedreht und horizontal wie vertikal zentriert sein. *[Lösungshinweis: Dialogfenster Zellen formatieren/Ausrichtung]*
7. Zentrieren Sie die Spaltenüberschrift Produkt über den Spalten A und B.
8. Formatieren Sie die Tabellenüberschrift in Arial 12 pt fett und über den Spalten A bis F zentriert mit einem gelben Hintergrund. Alle Spaltenüberschriften sollen in Fettschrift dargestellt werden. Die Zeile 5 soll von der Spalte A bis F doppelt unterstrichen sein.
9. Erstellen Sie ein Balkendiagramm, in dem die Handelsspannen der verschiedenen Parfüms verglichen werden. Stellen Sie das Diagramm ohne Legende dar und versehen Sie es mit einer aussagefähigen Überschrift.
10. Welche Parfüms weichen deutlich von der durchschnittlichen Handelsspanne ab?
11. Richten Sie Ihre Seite so ein, dass die gesamte Aufgabe vollständig auf einer A4-Seite gedruckt werden kann.

Aufgabe 12: Inventar

Situation

Sie sind Mitarbeiterin bzw. Mitarbeiter der Young Cosmetics KG und werden damit beauftragt, das Inventar des Unternehmens mit Excel aufzubereiten.

Übung

Arbeitsaufträge

1. Erstellen Sie die abgebildete Tabelle oder laden Sie die Datei „Aufgabe 12".
2. Formatieren Sie die Überschrift „Inventar der Young Cosmetics KG..." in Arial 11pt fett, unterstrichen und über die Spalten A bis C zentriert.
3. Ermitteln Sie in den Zeilen 17, 28, 30, 36, 40 und 42 in der Spalte Gesamtwert die Summen des Anlagevermögens, des Umlaufvermögens, des Vermögens insgesamt, der langfristigen Schulden, der kurzfristigen Schulden und der Schulden insgesamt.
4. Ermitteln Sie das Reinvermögen (Eigenkapital) durch die Übernahme der oben berechneten Werte.
5. Versehen Sie alle angegebenen EUR-Werte mit einem 1000er-Trennzeichen und formatieren Sie alle in Spalte C berechneten Gesamtwerte fett.
6. Ermitteln Sie in der Spalte D die Anlagenquote, die Umlaufquote, die Eigenkapitalquote sowie die Fremdkapitalquote.
7. Formatieren Sie die berechneten Quoten als Prozentwerte mit zwei Nachkommastellen und fett und verlängern Sie in den Zeilen 17, 28, 40 und 47 die Linie in die Spalte D.
8. Aus dem Vorjahr liegen Ihnen die folgenden Werte der Young Cosmetics KG vor:
   Anlagenquote: 66,27 %
   Umlaufquote: 33,73 %
   Eigenkapitalquote: 45,49 %
   Fremdkapitalquote: 54,51 %

   Stellen Sie dar, wie sich die Quoten verändert haben und beurteilen Sie, was dies für die Young Cosmetics KG bedeutet. Gehen Sie dabei auch auf mögliche Ursachen dieser Entwicklungen ein.
9. Richten Sie Ihre Seite so ein, dass die gesamte Aufgabe vollständig auf eine A4-Seite gedruckt werden kann.

	A	B	C
1	**Aufgabe 12**		
2			
3	Inventar der Young Cosmetics KG zum 31.12.20..		
4			
5		**Einzelwert**	**Gesamtwert**
6		**in EUR**	**in EUR**
7	**A. Vermögen**		
8			
9	I. Anlagevermögen		
10	1. Grundstücke und Bauten	115.000,00	
11	2. Maschinen und Anlagen	8.000,00	
12	3. Fuhrpark		
13	PKW 1	14.000,00	
14	PKW 2	20.000,00	
15	4. Betriebs- und Geschäftsaustattung		
16	Verwaltung lt. Inventurliste	10.000,00	
17	Verkauf lt. Inventurliste	18.000,00	
18	Lager lt. Inventurliste	12.000,00	
19			
20	II. Umlaufvermögen		
21	1. Handelswaren		
22	Warengruppe I	12.000,00	
23	Warengruppe II	30.500,00	
24	Warengruppe III	5.500,00	
25	2. Forderungen a.L.u.L.	17.000,00	
26	3. Kassenbestand	300,00	
27	4. Bankguthaben		
28	Sparkasse Dresden	8.500,00	
29	Postbank	1.200,00	
30			
31	**Summe des Vermögens**		
32			
33	**B. Schulden (Fremdkapital)**		
34			
35	I. Langfristige Schulden		
36	1. Hypothekenschulden	76.500,00	
37	2. Darlehen	34.000,00	
38			
39	II. Kurzfristige Schulden		
40	1. Verbindlichkeiten a.L.u.L.	16.000,00	
41	2. Sonstige Verbindlichkeiten	700,00	
42			
43	**Summe der Schulden**		
44			
45	**C. Reinvermögen (Eigenkapital)**		
46			
47	Summe Vermögen		
48	- Summe Schulden (Fremdkapital)		
49			
50	**= Reinvermögen (Eigenkapital)**		

Aufgabe 13: Absatz- und Umsatzzahlen

Situation

Als Mitarbeiterin bzw. Mitarbeiter der Young Cosmetics KG sollen Sie die Absatz- und Umsatzzahlen der drei Lippenstifte „True Colour", „Delicious" und „Manhattan" mithilfe von Excel auswerten.

Übung

Arbeitsaufträge

1. Erstellen Sie die abgebildete Tabelle oder laden Sie die Datei „Aufgabe 13".

	A	B	C	D	E	F	G	H	I
1	**Aufgabe 13**								
2									
3	Absatz- und Umsatzzahlen Lippenstifte Young Cosmetics KG								
4	1. Halbjahr								
5									
6		**Januar**	**Februar**	**März**	**April**	**Mai**	**Juni**	**Absatz**	**Preis**
7	**"True Colour"**	2.984	2.568	3.169	3.034	3.004	3.052		3,78 €
8	**"Delicios"**	1.568	1.005	1.118	1.203	998	1.205		4,98 €
9	**"Manhattan"**	4.782	4.563	4.327	4.598	4.675	4.408		2,98 €
10									
11	**Summe**								
12									

2. Ermitteln Sie in der Spalte **Absatz** aus den vorliegenden Absatzzahlen die Absatzsummen der einzelnen Lippenstifte für das 1. Halbjahr.
3. Ergänzen Sie eine weitere Spalte, in der Sie mithilfe einer geeigneten Formel aus den vorliegenden Absatzzahlen und den Preisen die Umsätze der einzelnen Lippenstifte im 1. Halbjahr berechnen. Formatieren Sie die Umsatzzahlen im Währungsformat mit €-Symbol und zwei Nachkommastellen.
4. In der Zeile **Summe** sollen die jeweiligen Zahlenwerte aller Spalten (mit Ausnahme der Preise) aufsummiert werden.
5. Ermitteln Sie mithilfe einer geeigneten Formel, welchen prozentualen Anteil die einzelnen Produkte am Gesamtumsatz des 1. Halbjahres haben, und platzieren Sie die Werte an eine geeignete Stelle in Ihrer Tabelle. Formatieren Sie die Ergebnisse in Prozent mit zwei Nachkommastellen.
6. Formatieren Sie die Überschrift der Tabelle in der Schrift Arial 14 pt, fett und zentrieren Sie sie über der gesamten Datentabelle.
7. Zentrieren Sie die Spaltenüberschriften und formatieren Sie die Spaltenüberschriften und die Zeilenbezeichnungen fett sowie alle berechneten Zahlen fett und kursiv.
8. Erstellen Sie ein Säulendiagramm, das die Anteile der drei Lippenstifte am Gesamtumsatz veranschaulicht. Versehen Sie das Diagramm mit einer geeigneten Überschrift und lassen Sie die Einzelwerte im Diagramm anzeigen.
9. Erstellen Sie darüber hinaus ein gestapeltes 100 %-Säulendiagramm, das die Anteile der drei Produkte am Gesamtumsatz des 1. Halbjahres in einer Säule darstellt. Versehen Sie das Diagramm mit einer geeigneten Überschrift und einer Legende unterhalb der Darstellung.
10. Erläutern Sie kurz den Zusammenhang zwischen den Verkaufspreisen und den Absatz- bzw. Umsatzanteilen der Lippenstifte „Delicious" und „Manhattan".
11. Richten Sie Ihre Seite so ein, dass die gesamte Aufgabe vollständig auf einer A4-Seite gedruckt werden kann.

Aufgabe 14: Überstundenstatistik

Situation

Sie sind Auszubildende(r) der Wohntal GmbH. Die Wohntal GmbH möchte die Entwicklung der Überstunden in den verschiedenen Abteilungen Ihres Unternehmens innerhalb eines Jahres mithilfe von Excel analysieren.

Übung

Arbeitsaufträge

1. Erstellen Sie die nachfolgende Tabelle oder laden Sie die Datei „Aufgabe 14".

	A	B	C	D	E	F	G
1	**Aufgabe 14**						
2							
3	Überstundenstatistik Wohntal GmbH						
4	Übersicht durchschnittliche Überstunden pro Mitarbeiter je Abteilung						
5							
6		Allg. Verwaltung	Einkauf	Personal	Rechnungswesen	Vertrieb	Werbung
7	Januar	4,2	2,1	2,8	9,3	4,1	1,3
8	Februar	4,7	2,9	2,3	8,7	5,4	3,1
9	März	4,0	4,1	2,1	8,8	4,9	1,5
10	April	3,6	2,5	2,4	7,9	2,1	1,0
11	Mai	1,8	2,0	1,7	8,1	2,3	1,6
12	Juni	1,4	1,9	1,1	7,8	1,5	1,4
13	Juli	1,1	1,4	1,3	7,7	3,1	1,7
14	August	0,8	1,1	0,1	7,9	0,7	1,2
15	September	2,1	1,9	1,1	9,1	1,3	3,2
16	Oktober	2,0	2,1	2,0	9,6	3,2	2,2
17	November	1,4	2,8	1,7	10,3	2,2	2,9
18	Dezember	1,3	2,1	0,8	10,6	2,0	2,1
19							

2. Ermitteln Sie mithilfe geeigneter Formeln für jeden Monat die durchschnittliche Überstundenzahl aller Mitarbeiter des Unternehmens sowie den Jahresdurchschnitt der Überstunden jeder Abteilung. Benennen Sie die neue Spalte und die neue Zeile sinnvoll.
3. Formatieren Sie die Tabelle wie folgt:
   a) Die Überschrift soll im Schriftformat Arial 12 pt, fett und unterstrichen sowie über der Tabelle zentriert erscheinen.
   b) Formatieren Sie die Monate und die Abteilungsbezeichnungen fett. Passen Sie die Spaltenbreite entsprechend an.
   c) Für den Zellbereich A7 bis A18 soll rechts, für den Zellbereich B6 bis G6 unten eine Linie eingefügt werden.
   d) Alle berechneten Werte sind fett und kursiv zu formatieren.
4. Erstellen Sie ein Liniendiagramm, das die Überstunden in den einzelnen Abteilungen über die 12 Monate darstellt.
   a) Ergänzen Sie eine sinnvolle Überschrift für das Diagramm, die auch durch die Schriftgröße (Arial 14 pt, fett und unterstrichen) hervorgehoben wird.
   b) Die Legende soll unterhalb des Diagramms angeordnet werden.
   c) Die Y-Achse ist korrekt und sinnvoll zu beschriften.
   d) Für die Y-Achse sind Haupt- und Hilfsgitternetzlinien vorzusehen. Bei der X-Achse soll auf Gitternetzlinien verzichtet werden.
   e) Das Diagramm soll als neues Blatt angezeigt werden.
5. Der Abteilungsleiter erwägt, eine neue Teilzeitkraft mit einer Ausbildung als Kaufmann bzw. Kauffrau für Büromanagement einzustellen, um die Überstundenlast etwas zu reduzieren. In welcher Abteilung sollte die Teilzeitkraft Ihrer Meinung nach eingesetzt werden? Machen Sie zwei weitere Vorschläge wie Überstunden abgebaut werden können.
6. Drucken Sie die Datentabelle mit Ihrer Stellungnahme und das Diagramm jeweils auf einer A4-Seite aus.

Aufgabe 15: Veranstaltungsmanagement

Situation

Sie sind als Event-Manager tätig und haben die Aufgabe, den wirtschaftlichen Erfolg verschiedener Konzertveranstaltungen miteinander zu vergleichen.

Übung

Arbeitsaufträge

1. Erstellen Sie die abgebildete Tabelle oder laden Sie die Datei „Aufgabe 15".

	A	B	C	D	E	F	G
1	**Aufgabe 15**						
2							
3	Veranstaltungen im Konzertsaal						
4							
5			Preis pro	Karten	Verkaufte	Freie	Umsatz
6			Karte in EUR	gesamt	Karten	Plätze	in EUR
7	Montag	Klavierkonzert Nr.5 in Es-Dur	45,00 €	1500	945		
8	Dienstag	Sopranistin Henriette Kelch	35,00 €	1500	654		
9	Mittwoch	A tribute to George Gershwin	40,00 €	2500	2500		
10	Donnerstag	Big Band "Swing time"	45,00 €	2000	1879		
11	Freitag	Musical "Cats"	65,00 €	2500	2176		
12	Samstag	Musical "Cats"	65,00 €	2500	2370		
13	Sonntag	Jazztime	25,00 €	1500	1341		

2. Ergänzen Sie eine Spalte, in der Sie für jeden Wochentag die Anzahl der freien Plätze berechnen.
3. Ermitteln Sie in einer weiteren Spalte für jeden Wochentag den Umsatz aus dem Preis pro Karte und der Anzahl der verkauften Karten.
4. Ergänzen Sie eine Zeile, in der die Summen für *Karten gesamt*, *Verkaufte Karten*, *Freie Plätze* und *Umsatz in EUR* berechnet werden.
5. Formatieren Sie die Überschrift im Schriftformat Arial 12 pt, fett und unterstrichen, die Wochentage und die Summen fett, die Spaltenüberschriften fett und zentriert sowie die Veranstaltungsbezeichnungen kursiv.
6. Versehen Sie die komplette Tabelle mit einem Gitternetz. Entfernen Sie die Linie zwischen den Zeilen 5 und 6.
7. Formatieren Sie alle Preise im Währungsformat mit €-Symbol und zwei Nachkommastellen. Alle Zahlen sollen mit einem 1000er-Trennzeichen versehen werden.
8. Erstellen Sie ein Kreisdiagramm, in dem das Verhältnis der Gesamtsumme der verkauften Karten zu der Gesamtsumme der freien Plätze dargestellt wird. Versehen Sie das Kreisdiagramm mit einer sinnvollen Überschrift. Die Legende soll rechts platziert und im Kreisdiagramm sollen die Prozentwerte angezeigt werden.
9. Als Event-Manager wissen Sie, dass Veranstaltungen im Konzertsaal erst bei einer Kapazitätsauslastung von 80 % wirtschaftlich rentabel sind. Wie beurteilen Sie unter diesem Aspekt die vorliegenden Zahlen?
10. Richten Sie Ihre Seite so ein, dass die gesamte Aufgabe vollständig auf einer A4-Seite gedruckt werden kann.

Aufgabe 16: Betriebswirtschaftliche Kennzahlen

Situation

Sie sind in der Controlling-Abteilung der Young Cosmetics KG eingesetzt und werden von Ihrem Chef beauftragt, die Entwicklung Ihres Unternehmens mithilfe von einigen betriebswirtschaftlichen Kennzahlen auszuwerten.

Übung

Arbeitsaufträge

1. Erstellen Sie die nachfolgende Tabelle oder laden Sie die Datei „Aufgabe 16".

	A	B	C
1	**Aufgabe 16**		
2			
3			
4		aktuelles Jahr	Vorjahr
5	Eigenkapital	144800	123600
6	Fremdkapital	127200	131925
7	Löhne und Gehälter	352946	332790
8	Mietaufwendungen	21350	25690
9	Fremdkapitalzinsen	32800	34000
10	Gewinn	21935	13287
11	Umsatz	1126791	1000716

2. Berechnen Sie unterhalb der Tabelle für das aktuelle Jahr und das Vorjahr mit den jeweils geeigneten Formeln die Eigenkapitalrentabilität, die Eigenkapitalquote und die Umsatzrentabilität.
3. Berechnen Sie in weiteren Zeilen unterhalb der Tabelle jeweils die prozentuale Veränderung der Eigenkapitalrentabilität, der Eigenkapitalquote und der Umsatzrentabilität des aktuellen Jahres im Vergleich zum Vorjahr.
4. Formatieren Sie alle Geldbeträge im Währungsformat mit €-Symbol, zwei Nachkommastellen und 1000er-Trennzeichen. Alle berechneten Werte sollen als Prozentzahlen mit zwei Nachkommastellen sowie fett und kursiv dargestellt werden.
5. Alle Zellen der Spalte A sollen fett, die Spaltenüberschriften fett und zentriert formatiert sein.
6. Versehen Sie die Datentabelle (A4 bis C11) mit einem Gitternetz. Der Zellbereich A4 bis C4 und A5 bis A11 soll grau hinterlegt sein.
7. Fügen Sie oberhalb der Tabelle eine Zeile ein, in die Sie eine aussagefähige Überschrift schreiben. Formatieren Sie die Überschrift im Schriftformat Arial Schriftgrad 12 fett, unterstrichen und zentrieren Sie die Überschrift über der Datentabelle.
8. Erstellen Sie ein gruppiertes Säulendiagramm, in dem Sie jeweils den aktuellen Wert und den Vorjahreswert der Eigenkapitalrentabilität und der Umsatzrentabilität vergleichen. Versehen Sie das Diagramm mit einer aussagefähigen Überschrift und einer Legende unterhalb des Diagramms.
9. Beurteilen Sie die Entwicklung des Unternehmens anhand der berechneten betriebswirtschaftlichen Kennzahlen.
10. Richten Sie Ihre Seite so ein, dass die gesamte Aufgabe vollständig auf einer A4-Seite gedruckt werden kann.

Aufgabe 17: Filialumsätze

Situation

Einer der Kunden der Young Cosmetics KG ist eine Drogeriehandelskette mit fünf Filialen. Ihr Chef beauftragt Sie mithilfe von Excel für das abgelaufene Geschäftsjahr die Umsätze der fünf Filialen zu analysieren.

Übung

Arbeitsaufträge

1. Erstellen Sie die nachfolgende Tabelle oder laden Sie die Datei „Aufgabe 17“.

	A	B	C	D	E
1	**Aufgabe 17**				
2					
3	**Filialumsätze**				
4					
5		1. Quartal	2. Quartal	3. Quartal	4. Quartal
6	Filiale 1	11967	8364	14489	20989
7	Filiale 2	6749	7902	8898	9789
8	Filiale 3	21497	18702	17509	14993
9	Filiale 4	19789	21649	21411	23401
10	Filiale 5	8894	12092	15003	13406

2. Ergänzen Sie die Tabelle um eine Summenzeile und eine Summenspalte, in der Sie die Werte der einzelnen Quartale und der einzelnen Filialen aufsummieren.
3. Fügen Sie zur Tabelle eine weitere Zeile hinzu, in der mit einer geeigneten Formel die absoluten Veränderungen der Quartalssummen im Vergleich zum vorangegangenen Quartal ermittelt werden (ab dem 2. Quartal).
4. In einer weiteren Zeile sind ab dem 2. Quartal die prozentualen Veränderungen der Quartalssummen im Vergleich zum vorherigen Quartal mit einer geeigneten Formel zu berechnen. Formatieren Sie die Ergebnisse im Prozentformat mit zwei Nachkommastellen.
5. Erweitern Sie die Tabelle um drei Zeilen, in denen Sie mit der jeweils geeigneten Funktion für jedes Quartal den Quartalsdurchschnitt, den höchsten Wert des Quartals und den niedrigsten Wert des Quartals berechnen.
6. Formatieren Sie alle vorliegenden Geldbeträge im Währungsformat mit €-Symbol, 1000er-Trennzeichen und zwei Nachkommastellen. Versehen Sie die Datentabelle mit geeigneten Rahmenlinien.
7. Fügen Sie rechts neben den Filialsummen eine Spalte ein, in der Sie mit einer geeigneten Formel den prozentualen Anteil der einzelnen Filialen am Jahresgesamtumsatz berechnen. Die Ergebnisse sind als Prozentzahlen mit einer Nachkommastelle darzustellen und sollen mittels einer geeigneten Funktion abgerundet werden.
8. Veranschaulichen Sie die Tabelle, indem Sie die Quartalszahlen aller Filialen (einschließlich der Filialsummen, aber ohne die Quartalssummen) mit einem Säulendiagramm („Gestapelte Säulen 100 %“) darstellen. Das Diagramm soll mit einer Legende, aber ohne Überschrift unter die Tabelle platziert werden.
9. Wie beurteilen Sie die Umsatzentwicklung der Filiale 3?
10. Richten Sie Ihre Seite so ein, dass die gesamte Aufgabe vollständig auf eine A4-Seite gedruckt werden kann.

Aufgabe 18: Angebotsvergleich

Situation

Sie sind Mitarbeiterin bzw. Mitarbeiter der Radmarkt Reif KG und verantwortlich für die Beschaffung von Carbon-Fahrradrahmen. Dazu nehmen Sie für die folgenden fünf Anbieter mithilfe von Excel eine Bezugskalkulation vor, die als Grundlage für den Angebotsvergleich dient.

Es liegen Ihnen folgende Daten vor:

MGS GmbH: LP 180,00 €/Stk.; 5 % Rabatt; 2 % Skonto; Anfuhr 0,40 €/Stk.; Verladen 0,75 €/Stk.; Frachtkosten 2,50 €/Stk.

VMR-Tech GmbH: LP 210,00 €/Stk.; 3 % Skonto; Verladen 0,65 €/Stk.; Fracht 2,90 €/Stk.

Rad-Held OHG: LP 190,00 €/Stk.; 3 % Rabatt; 3 % Skonto; Anfuhr 0,30 €/Stk.; Verladen 0,45 €/Stk.

Spitzer & Co. KG: LP 200,00 €/Stk.; 10 % Rabatt; 3 % Skonto; Verl. 0,55 €/Stk.; Fracht 1,20 €/Stk.

CLS AG: LP 220,00 €/Stk.; 4 % Rabatt; 2 % Skonto; Anfuhr 0,27 €/Stk.; Verladen 0,65 €/Stk.; Fracht 1,95 €/Stk.

Übung

Arbeitsaufträge

1. Erstellen Sie die nachfolgende Tabelle oder laden Sie die Datei „Aufgabe 18".

	A	B	C	D	E	F
1	**Aufgabe 18**					
2						
3			**Angebotsvergleich**			
4						
5	Angebote	MGS GmbH	VMR-Tech GmbH	Rad-Held OHG	Spitzer & Co. KG	CLS AG
6						
7	Listenpreis					
8	Rabatt					
9	- Rabattbetrag					
10						
11	Zieleinkaufspreis					
12	Skonto					
13	- Skontobetrag					
14						
15	Bareinkaufspreis					
16	+ Anfuhr					
17	+ Verladen					
18	+ Fracht					
19						
20	Bezugspreis					
21						
22	Bewertung					

2. Vervollständigen Sie die obige Tabelle mithilfe der angegebenen Werte und ermitteln Sie alle noch zu berechnenden Werte mit den geeigneten Formeln.
3. Formatieren Sie das Kalkulationsschema fett und die Spaltenüberschriften fett, kursiv und zentriert. Alle Prozentangaben sollen in Prozent mit zwei Nachkommastellen, alle Geldbeträge im Währungsformat ohne €-Symbol mit zwei Nachkommastellen formatiert werden.
4. In der letzten Zeile soll mithilfe einer geeigneten Funktion die Wertung „teuer" angezeigt werden, wenn der Bezugspreis größer oder gleich 200,00 € ist und die Wertung „günstig", wenn der Bezugspreis darunter liegt. Formatieren Sie die Wertung fett und kursiv.
5. Welches Angebot ist das günstigste? Nennen Sie drei weitere Entscheidungskriterien, die Sie neben dem Bezugspreis für einen Angebotsvergleich heranziehen würden.
6. Richten Sie Ihre Seite so ein, dass die gesamte Aufgabe vollständig auf einer A4-Seite gedruckt werden kann.

Aufgabe 19: ABC-Analyse

Situation

Sie sind Mitarbeiterin bzw. Mitarbeiter in der Abteilung Einkauf der Bürobedarf Müngsten GmbH. Die Bürobedarf Müngsten GmbH ist ein Großhändler für Bürobedarf, Bürotechnik und Büromöbeln. Bei der Vielfalt der Artikel, die eingekauft werden, lohnt es sich, das Hauptaugenmerk auf bestimmte Waren zu richten. Hierbei kann die ABC-Analyse gute Dienste leisten. Die Geschäftsleitung möchte den Verwaltungsaufwand bei der Beschaffung der Artikelgruppe 3 durch eine ABC-Analyse vermindern und beauftragt Sie, diese mithilfe von Excel durchzuführen.

Übung

Arbeitsaufträge

1. Erstellen Sie die nachfolgende Tabelle oder laden Sie die Datei „Aufgabe 19".

	A	B	C	D	E	F	G	H
1	**Aufgabe 19**							
2								
3	**ABC-Analyse Bürobedarf Müngsten GmbH**							
4								
5								
6	**Art.Nr.**	**EK-Preis**	**Bestellmenge pro Jahr**	**Anzahl der Best. pro Jahr**	**Wert pro Bestellung**	**Wert insges.**	**% vom Gesamtwert**	**Gruppe A/B/C**
7	39012	17,90 €	38.000	16				
8	39013	58,90 €	58.000	8				
9	39014	1,85 €	79.600	24				
10	39015	34,50 €	61.500	12				
11	39016	12,50 €	28.000	14				
12	39017	19,90 €	50.400	6				
13	39018	4,20 €	72.000	24				
14	39019	7,90 €	33.600	12				
15	39020	1,25 €	184.000	24				
16	39021	17,95 €	28.900	16				
17								
18	Summe:							

2. Berechnen Sie den Wert pro Bestellung (Spalte E) und den Wert der beschafften Ware insgesamt (Spalte F) sowie in der Zeile 18 die Summen der Spalten F und G..
3. Berechnen Sie für jeden Artikel den Prozentanteil der einzelnen Artikel vom Gesamtwert aller Bestellungen (Spalte G).
4. Sortieren Sie die Tabelle nach dem Prozentanteil vom Gesamtwert des Einkaufs absteigend.
5. Fügen Sie zwischen Spalte G und H eine weitere Spalte ein, in der Sie die kumulierten %-Werte ermitteln.
6. Kategorisieren Sie die Artikel in A-, B- und C-Güter. A-Güter sollen dadurch definiert sein, dass ihr kumulierter Wertanteil bis zu 80 % des gesamten Einkaufsvolumens ausmacht. C-Güter sind dadurch gekennzeichnet, dass ihr Wertanteil in der Summe weniger als 5 % ausmacht. Setzen Sie dazu die WENN-Funktion ein.
7. Stellen Sie die Ergebnisse der ABC-Analyse mit einem geeigneten Säulendiagramm („gruppierte Säulen") graphisch sinnvoll dar. Nutzen Sie dazu auch die Möglichkeit, Textfelder und Formen in das Diagramm zu integrieren, um die Klassifizierung in A-, B- und C-Güter zu verdeutlichen.
8. In der A-Gruppe werden bisher verhältnismäßig wenige Bestellungen aufgegeben, die aber einen hohen Wert aufweisen. Wie beurteilen Sie dieses Vorgehen? Wie könnte in der Gruppe C die Beschaffung vereinfacht werden? Welche Probleme könnten sich durch die Vereinfachung ergeben?
9. Richten Sie Ihre Seite so ein, dass die gesamte Aufgabe vollständig auf einer A4-Seite gedruckt werden kann.

Aufgabe 20: Eigenfertigung oder Fremdbezug

Situation

Sie sind Mitarbeiterin bzw. Mitarbeiter in der Abteilung Produktion der Wohntal GmbH, die Büromöbel herstellt. Für ein spezielles Kunststoffteil, das bei allen Produkten benötigt wird, ist zu entscheiden, ob dies weiterhin vom Lieferanten bezogen oder alternativ selbst hergestellt werden soll.

Übung

Arbeitsaufträge

1. Erstellen Sie die nachfolgende Tabelle oder laden Sie die Datei „Aufgabe 20“.

	A	B	C	D
1	**Aufgabe 20**			
2				
3	**Eigenfertigung oder Fremdbezug**			
4				
5	Intervall: 1.000 Stück			
6				
7	***Fremdbezug***		***Eigenfertigung***	
8	Bezugspreis je Stück:	54,90 €	Materialkosten je Stück.:	7,90 €
9			Fertigungskosten je Stück.:	29,50 €
10			Fixkosten:	78.500,00 €
11				

2. Ergänzen Sie die nachfolgende Tabelle und formatieren Sie sie entsprechend der Vorlage.

13	**Menge**	***Fremdbezug***		***Eigenfertigung***	
14		**Gesamtkosten**	**Stückkosten**	**Gesamtkosten**	**Stückkosten**
15	**x**	**K_F**	**k_F**	**K_E**	**k_E**
16	1.000				
17	2.000				
18	3.000				
19	4.000				
20	5.000				
21	6.000				
22	7.000				
23	8.000				
24	9.000				
25	10.000				

3. Berechnen Sie mit geeigneten Formeln die Gesamtkosten und Stückkosten für den Fremdbezug und die Eigenfertigung.
4. Stellen Sie die Gesamtkosten für den Fremdbezug und die Eigenfertigung in Abhängigkeit von der benötigten Menge mithilfe eines geeigneten X-Y Diagramms grafisch dar. Versehen Sie das Diagramm mit einer aussagefähigen Überschrift und platzieren Sie die Legende unterhalb.
5. Angenommen die Wohntal GmbH benötigt eine Menge von 7000 Stück. Welche Entscheidung würden Sie treffen? Welche Bedeutung hat der Schnittpunkt in dem Liniendiagramm?
6. Richten Sie Ihre Seite so ein, dass die gesamte Aufgabe vollständig auf einer A4-Seite gedruckt werden kann.

Aufgabe 21: Handelskalkulation

Situation

Sie sind Mitarbeiterin bzw. Mitarbeiter in der Abteilung Vertrieb der Bürobedarf Müngsten GmbH. Für einen eingekauften Schreibtisch, der als Handelsware weiter verkauft wird, sollen Sie mithilfe von Excel mit den unten angegebenen Werten die vollständige Handelskalkulation vom Listeneinkaufspreis bis zum Bruttoverkaufspreis berechnen.

Übung

Arbeitsaufträge

1. Erstellen Sie die nachfolgende Tabelle oder laden Sie die Datei „Aufgabe 21".

	A	B	C	D
1	**Aufgabe 21**			
2				
3	**Handelskalkulation**			
4				
5		**Eingabe in %**	**Eingabe in €**	**Betrag in €**
6	**Listeneinkaufspreis**			289,00 €
7	- Liefererrabatt	15%		
8	Zieleinkaufspreis			
9	- Liefererskonto	2%		
10	Bareinkaufspreis			
11	+ Bezugskosten		10,50 €	
12	Bezugs- bzw. Einstandspreis			
13	+ Handlungskosten	18%		
14	Selbstkosten			
15	+ Gewinn	21%		
16	Barverkaufspreis			
17	+ Kundenskonto	2%		
18	+ Vertreterprovision	3%		
19	Zielverkaufspreis			
20	+ Kundenrabatt	10%		
21	Listenverkaufspreis bzw Nettopreis			
22	+ Umsatzsteuer	19%		
23	**Bruttoverkaufspreis**			
24				

2. Vervollständigen Sie das Kalkulationsschema. Die fehlenden Größen sollen von Excel mit den entsprechenden Formeln berechnet werden.

3. Erstellen Sie ein Kreisdiagramm, das die folgenden Anteile des Bruttoverkaufspreises verdeutlicht: Selbstkosten, Gewinn, Skonto für Kunden, Vertreterprovision, Rabatt für Kunden und Umsatzsteuer. Versehen Sie das Diagramm mit einer aussagefähigen Überschrift und platzieren Sie die Legende unterhalb des Diagramms.

4. Was versteht man unter Handlungskosten? Warum muss Kundenskonto und Kundenrabatt in einer Im-Hundert-Rechnung berechnet werden (für das Kundenskonto entspricht der Zielverkaufspreis 100 %, für den Kundenrabatt entspricht der Listenverkaufspreis 100 %)?

5. Richten Sie Ihre Seite so ein, dass die gesamte Aufgabe vollständig auf einer A4-Seite gedruckt werden kann.

Aufgabe 22: Optimale Bestellmenge

Situation

Sie sind in der Abteilung Einkauf der Bürobedarf Müngsten GmbH eingesetzt. Sie haben die Aufgabe, zu überprüfen, ob die bisherige monatliche Beschaffung des Artikels 79253 (Recycling Kopierpapier) unter Berücksichtigung der entstehenden Lagerhaltungs- und Bestellkosten sinnvoll ist.

Die Bürobedarf Müngsten GmbH bezieht diesen Artikel zum Einstandspreis von 6,50 €. Bei Bestellungen ab 5000 Verpackungseinheiten (VE) reduziert sich der Preis je VE auf 6,40 €, bei Bestellungen ab 10000 VE auf 6,30 € pro VE. Um diejenigen Faktoren, die unmittelbar Einfluss auf die einzelne Bestellung haben, zu berücksichtigen, hat Ihr Chef aus den vorliegenden Absatzstatistiken die voraussichtliche Jahresbeschaffungsmenge ermittelt und maßgebliche, von Einzelbestellmengen abhängige Kosten kalkuliert (Kosten je Bestellung und den Zinssatz, der für das in den Lagerbeständen gebundene Kapital anzusetzen ist).

Außerdem sind folgende Daten zu berücksichtigen:
Jahresbeschaffungsmenge: 15000 VE; Kosten je Bestellung: 30,00 €
Lagerhaltungskostensatz: 6,5 % (jährlich vom durchschnittlichen Lagerbestand)

Übung

Arbeitsaufträge

1. Erstellen Sie die nachfolgende Tabelle oder laden Sie die Datei „Aufgabe 22".

	A	B	C	D	E	F
1	**Aufgabe 22**					
2						
3	**Optimale Bestellmenge**					
4						
5/6	**Bestell-häufigkeit**	**Bestellmenge VE**	**Durchschnittl. Lagerbestand in €**	**Lagerhaltungs-kosten pro Jahr in €**	**Bestellkosten pro Jahr in €**	**Beschaffungs-kosten pro Jahr in €**
7	1					
8	2					
9	3					
10	4					
11	5					
12	6					
13	7					
14	8					
15	9					
16	10					
17	11					
18	12					
19						

2. Fügen Sie oberhalb der vorgegebenen Tabelle eine Zusatztabelle ein, aus der die angegebenen Werte hervorgehen.
3. Vervollständigen Sie das Kalkulationsschema. Die fehlenden Größen sollen von Excel mit den entsprechenden Formeln berechnet werden. (Hier gilt: Mindestbestand = 0)
   Lösungshinweise:
   Durchschnittlicher Lagerbestand = (Bestellmenge / 2) x Einstandspreis
   Lagerhaltungskosten = durchschn. Lagerbestand x Lagerhaltungskostensatz
   Bestellkosten = Bestellhäufigkeit x Kosten je Bestellung
   Beschaffungskosten = Bestellkosten + Lagerhaltungskosten
4. Beschreiben Sie den Zielkonflikt der optimalen Bestellmenge mit eigenen Worten. Ist die bisherige Praxis, den gesamten Jahresbedarf auf einmal zu bestellen, wirtschaftlich vernünftig? Zu welcher Bestellhäufigkeit würden Sie im vorliegenden Fall raten? Markieren Sie diese in der Tabelle.
5. Richten Sie Ihre Seite so ein, dass die gesamte Aufgabe vollständig auf einer A4-Seite gedruckt werden kann.

Aufgabe 23: Personalleasing

Situation

Sie sind Mitarbeiterin bzw. Mitarbeiter in der Personalabteilung der Bürobedarf Müngsten GmbH. Ihr Unternehmen steht vor der Entscheidung, für eine durch Mutterschutz und Elternzeit ausfallende Mitarbeiterin in der Abteilung Einkauf für die voraussichtliche Dauer von 12 Monaten Ersatz bereitzustellen. Als Berechnungsgrundlage soll von einer Jahresarbeitszeit von 1800 Stunden ausgegangen werden. Dazu stehen zwei Alternativen zur Verfügung:

Alternative 1:

Einstellung einer befristeten Arbeitskraft für den Zeitraum von 12 Monaten zu folgenden Bedingungen: Bruttogehalt 3190,00 €; Rentenvers. (18,7 % v. Br.); Arbeitslosenvers. (3,0 % v. Br.); Krankenvers. (14,6 % v. Br.); Pflegevers. (2,55 % v. Br.); Weihnachtsgeld 1800 € (Einmalzahlung); Kosten der Personalbeschaffung 2000 € (einmalig) [Sozialversicherungsbeiträge Stand 2018]

Alternative 2:

Leasing eines Mitarbeiters bei einem Zeitarbeitsunternehmen: 29,50 € je Einzelstunde.

Übung

Arbeitsaufträge

1. Erstellen Sie die folgende Tabelle und formatieren Sie sie entsprechend der unten stehenden Vorgabe oder laden Sie die Datei „Aufgabe 23".

	A	B	C	D	E	F
1	**Aufgabe 23**					
2						
3	**Kostenvergleich: Eigenes Personal oder Zeitpersonal**					
4						
5	**Alternative 1: Befristete Neueinstellung**				**Alternative 2: Personalleasing**	
6						
7		*Beitragssatz*	pro Jahr			
8	Bruttogehalt				Arbeitsstunden pro Jahr:	
9	Weihnachtsgeld				Kosten pro Arbeitsstunde:	
10	Soz.vers.pfl. Gehalt					
11	RV				**Gesamtkosten:**	
12	ALV					
13	KV					
14	PV					
15	Kosten der					
16	Personalbesch.					
17						
18	**Gesamtkosten:**					

2. Vervollständigen Sie die Tabelle gemäß den obigen Angaben mittels geeigneter Formeln.
3. Formatieren Sie alle berechneten Werte als Zahl mit zwei Nachkommastellen und 1000er-Trennzeichen. Zentrieren Sie die Überschrift („Kostenvergleich...") über den gesamten Datenbereich (Alternative 1 und Alternative 2). Versehen Sie die Datenblöcke zur Alternative 1 und zur Alternative 2 jeweils mit einem eigenen Rahmen.
4. Ergänzen Sie unterhalb der Datentabellen mithilfe einer geeigneten Funktion eine Zeile, in der – je nach Gesamtkosten – automatisch das korrekte Fazit „Die Einstellung einer befristeten Arbeitskraft ist die günstigere Alternative!" oder „Personalleasing ist die günstigere Alternative!" erscheint.
5. Erläutern Sie zwei weitere Aspekte, die neben der reinen Kostenbetrachtung bei der Entscheidung für oder gegen Personalleasing zu berücksichtigen sind.
6. Richten Sie Ihre Seite so ein, dass die gesamte Aufgabe vollständig auf einer A4-Seite gedruckt werden kann.

Aufgabe 24: Abschreibungen

Situation

Sie sind in der Abteilung Rechnungswesen der Markgraf Brunnen GmbH eingesetzt und werden gebeten, die Abschreibung nach Leistungseinheiten, die lineare und die degressive Abschreibungsmethode am Beispiel einer für die Abfüllanlage angeschafften Maschine zu vergleichen.

Die Anschaffungskosten der Maschine betragen 374960,00 €. Der Abschreibungszeitraum umfasst 8 Jahre, als maximaler Abschreibungssatz für die degressive Abschreibung wird 30 % vom Restbuchwert angenommen.

[Hinweis: Nach aktuellem Steuerrecht ist die degressive Abschreibung nicht zulässig.]

Übung

Arbeitsaufträge

1. Erstellen Sie die folgende Tabelle und formatieren Sie sie entsprechend der unten stehenden Vorgabe oder laden Sie die Datei „Aufgabe 24".

	A	B	C	D	E
1	**Aufgabe 24**				
2					
3		**Vergleich der Abschreibungsmethoden**			
4					
5	**a) Abschreibung nach Leistungseinheiten (Maschinenlaufstunden)**				
6					
7	Jahr	Anfangswert	Abschreibungsbetrag	kumulierte Abschreibungen	Restwert
8	1	374.960,00 €			
9	2				
10	3				
11	4				
12	5				
13	6				
14	7				
15	8				
16					
17	**b) Lineare Methode**				
18					
19	Jahr	Anfangswert	Abschreibungsbetrag	kumulierte Abschreibungen	Restwert
20	1	374.960,00 €			
21	2				
22	3				
23	4				
24	5				
25	6				
26	7				
27	8				
28					
29	**c) Geometrisch-degressive Methode**				
30					
31	Jahr	Anfangswert	Abschreibungsbetrag	kumulierte Abschreibungen	Restwert
32	1	374.960,00 €			
33	2				
34	3				
35	4				
36	5				
37	6				
38	7				
39	8				
40					

Arbeitsaufträge (Fortsetzung)

2. Berechnen Sie alle fehlenden Werte entsprechend der obigen Angaben mit Hilfe von geeigneten Formeln. Für die Leistungsabschreibung gehen Sie von den in der folgenden Tabelle aufgeführten Maschinenlaufzeiten aus.

Jahr	1	2	3	4	5	6	7	8	Summe
Betriebsstunden	4.698 h	4.636 h	2.724 h	2.927 h	2.357 h	3.173 h	2.179 h	2.322 h	25.016 h

3. Berechnen Sie die Anfangswerte, die Abschreibungsbeträge, die kumulierten Abschreibungsbeträge sowie die Restwerte für alle drei Abschreibungsmethoden mit geeigneten, kopierfähigen Formeln.

4. Formatieren Sie alle Zahlen im Buchhaltungsformat mit €-Symbol und zwei Nachkommastellen.

5. Erstellen Sie auf einem neuen Tabellenblatt ein Liniendiagramm mit Datenpunkten, in dem die Abschreibung nach Leistungseinheiten, die lineare und die degressive Abschreibung im Vergleich dargestellt werden.

6. Geben Sie dem Diagramm eine aussagefähige Überschrift.

7. Die Legende soll unterhalb des Diagramms erscheinen.

8. Formatieren Sie die Achsenbeschriftung der Y-Achse sowie die Legende in Arial 10pt.

9. Skalieren Sie die Werte der Y-Achse mit einem Minimalwert von 5000, einem Maximalwert von 125000 und einem Intervall von 15000. Formatieren Sie die Werte im Währungsformat mit €-Symbol und zwei Nachkommastellen.

10. Öffnen Sie ein Textfeld und beschreiben Sie den Verlauf der Leistungsabschreibung sowie der linearen und der degressiven Abschreibungsbeträge. Nennen Sie jeweils einen Vorteil der leistungsbezogenen, der degressiven und der linearen Abschreibung.

11. Richten Sie Ihre Seiten so ein, dass die gesamte Aufgabe vollständig auf zwei A4-Seiten gedruckt werden kann.

Aufgabe 25: Gewinnverteilung

Situation

Die Radmarkt Reif KG wurde zunächst von drei Gesellschaftern gegründet. Die Komplementäre Werner Reif und Petra Reif haben jeweils 30 000 € bzw. 20 000 € ins Unternehmen eingebracht. Die Einlagen der Kommanditistin Sabine Reif betrug 15 000 €. Etwas später beteiligte sich auch noch Dirk König als Kommanditist mit einem Betrag von 10 000 € am Unternehmen. Die Gewinnverteilung wurde im Gesellschaftsvertrag wie folgt festgelegt: Jeder Gesellschafter erhält zunächst eine Verzinsung seiner Kapitaleinlage in Höhe von 4 %. Der Restgewinn wird zwischen Werner Reif, Petra Reif, Sabine Reif und Dirk König im Verhältnis 4:4:2:1 verteilt. Der Unternehmensgewinn betrug im vergangenen Geschäftsjahr 73 290 €.

Übung

Arbeitsaufträge

1. Erstellen Sie die folgende Tabelle und formatieren Sie sie entsprechend der unten stehenden Vorgabe oder laden Sie die Datei „Aufgabe 25".

	A	B	C	D	E	F	G
1	**Aufgabe 25**						
2							
3	**Gewinnverteilung bei der Radmarkt Reif KG**						
4							
5							
6	Gewinn:		Kapitalverzinsung:				
7							
8	Gesellschafter		Kapital	Verzinsung	Verteilung	Restgewinn	Gesamtgewinn
9					Restgewinn		
10	Komplementär Werner Reif		30000		4		
11	Komplementärin Petra Reif		20000		4		
12	Kommanditistin Sabine Reif		15000		2		
13	Kommanditist Dirk König		10000		1		
14							

2. Geben Sie in die Zellen B6 und E6 die entsprechenden in der Situationsbeschreibung genannten Werte ein.
3. Berechnen Sie die Verzinsung, den Restgewinn und den Gesamtgewinn. Achten Sie darauf, dass die Formeln einen veränderten Gewinn (Zelle B6) sowie eine veränderte Kapitalverzinsung (Zelle E6) automatisch berücksichtigen.
4. Ergänzen Sie eine Summenzeile, in der das Kapital, die Verzinsung, der Restgewinn und der Gesamtgewinn aufsummiert wird.
5. Formatieren Sie alle Zahlen (außer den Verteilungsschlüssel) mit 1000er-Trennzeichen und zwei Nachkommastellen. Die Kapitalverzinsung in Zelle E6 soll als Prozentzahl mit einer Nachkommastelle dargestellt werden.
6. Hinterlegen Sie alle Zellen, in denen Berechnungen durchgeführt werden, mit einem Muster (Musterformat: 6,25 % grau).
7. Erstellen Sie ein Kreisdiagramm, das die Anteile der einzelnen Gesellschafter am Gesamtgewinn verdeutlicht. In dem Diagramm sollen die Prozentanteile angezeigt werden. Versehen Sie das Diagramm mit einer aussagefähigen Überschrift und platzieren Sie die Legende rechts neben der Grafik. Formatieren Sie die Legende im Schriftformat Arial 8pt.
8. Erläutern Sie kurz anhand von zwei Merkmalen, worin sich die Rolle des Komplementärs der KG von der des Kommanditisten unterscheidet. Halten Sie es vor diesem Hintergrund für gerechtfertigt, wie der Restgewinn in der Radmarkt Reif KG verteilt wird?
9. Richten Sie Ihre Seite so ein, dass die gesamte Aufgabe vollständig auf einer A4-Seite gedruckt werden kann.

Aufgabe 26: Provisionsberechnung

Situation

Als Mitarbeiterin bzw. Mitarbeiter der Wohntal GmbH haben Sie die Aufgabe, mithilfe einer Provisionstabelle in Excel die Provisionen für Außendienstmitarbeiter zu berechnen.

Übung

Arbeitsaufträge

1. Erstellen Sie die folgende Tabelle oder laden Sie die Datei „Aufgabe 26".

	A	B	C	D	E	F	G
1	**Aufgabe 26**						
2							
3	**Provisionsberechnung**						
4							
5	Außendienstmitarbeiter	Umsatz	Provisionssatz	Provision		Provisionstabelle	
6	Aumüller	360571,00				Umsatz	Provisionssatz
7	Backenköhler	929452,00				0,00	0%
8	Baumgartner	92950,00				100.000,00	1%
9	Dahlmann	129452,00				200.000,00	2%
10	Dombrowski	421098,00				300.000,00	2%
11	Friedrichsen	275957,00				400.000,00	4%
12	Hammerschmidt	780927,00				500.000,00	4%
13	Kaltenbach	240504,00				600.000,00	5%
14	Lewandowski	905075,00				700.000,00	5%
15	Martinek	1155247,00				800.000,00	6%
16	Nerlinger	302048,00				900.000,00	7%
17	Rogalski	44102,00				1.000.000,00	8%
18							

2. Ermitteln Sie den Provisionssatz in Spalte C mithilfe einer geeigneten Funktion. Formatieren Sie die Ergebnisse im Prozentformat ohne Nachkommastellen.
3. Berechnen Sie die Provisionen in Spalte D mittels der geeigneten Formeln.
4. Formatieren Sie alle Geldbeträge im Zahlenformat mit 1000er-Trennzeichen und zwei Nachkommastellen ohne €-Symbol.
5. Ergänzen Sie eine Zeile, in der Sie die Umsätze und die Provisionen aufsummieren.
6. Formatieren Sie die Außendienstmitarbeiter (Spalte A) und alle Spaltenüberschriften fett. Zentrieren Sie die Spaltenüberschriften und hinterlegen Sie sie mit einem grauen Hintergrund.
7. Versehen Sie die Tabelle mit den Provisionsberechnungen sowie die Provisionstabelle jeweils mit einem Gitternetz.
8. Sortieren Sie die Tabelle mit den Provisionsberechnungen absteigend nach der Höhe der Provisionen.
9. Erstellen Sie ein Säulendiagramm, in dem die Provisionen der einzelnen Außendienstmitarbeiter verglichen werden. Versehen Sie das Diagramm mit einer aussagefähigen Überschrift, sodass Sie auf eine Legende verzichten können. Skalieren Sie die Y-Achse mit einem Maximalwert von 100000 und einem Hauptintervall von 10000.
10. Wie erklären Sie sich die extremen Unterschiede bei den Provisionszahlungen?
11. Richten Sie Ihre Seite so ein, dass die gesamte Aufgabe vollständig auf einer A4-Seite gedruckt werden kann.

Aufgabe 27: Break-even-Analyse

Situation

Sie sind Mitarbeiterin bzw. Mitarbeiter der Abteilung Controlling der Wohntal GmbH und werden von Ihrem Abteilungsleiter gebeten, eine Break-even-Analyse für einen Produktionsbereich durchzuführen.

Übung

Arbeitsaufträge

1. Erstellen Sie die nachfolgende Tabelle oder laden Sie die Datei „Aufgabe 27".

	A	B	C	D	E	F
1	**Aufgabe 27**					
2						
3	Break-even-Analyse					
4						
5	Produktionsmenge Januar:		620	Gesamtkosten Januar:		40.179,00 €
6	Produktionsmenge Februar:		370	Gesamtkosten Februar:		34.041,50 €
7	Variable Stückkosten		24,55 €	Fixe Kosten		24.958,00 €
8	Verkaufserlös je Stück		59,85 €	Intervall	100	Stück
9						
10	Menge	Fixe Kosten	Var. Kosten	Ges. Kosten	Erlöse	Gew./Verl.
11	X	K_f	K_v	K	E	G
12	0					
13						

2. Formatieren Sie die Überschrift im Schriftformat Arial 12pt, fett, unterstrichen und zentrieren Sie die Überschrift über der Tabelle.
3. Vervollständigen Sie die Tabelle, indem Sie für die Mengen 0 bis 1000 Stück (100er Intervall) die Fixkosten übertragen und mit der jeweils geeigneten Formel die variablen Kosten, die Gesamtkosten, den Umsatz sowie den Gewinn bzw. Verlust berechnen.
4. Formatieren Sie alle Zahlen der Datentabelle als Zahl mit 1000er-Trennzeichen und alle Geldbeträge als Währung mit 1000er-Trennzeichen, €-Symbol und zwei Nachkommastellen. Bei einem Verlust (negatives Vorzeichen in der letzten Spalte) soll die Zahl automatisch in roter Schrift erscheinen.
5. Versehen Sie die Spaltenüberschriften (A10 bis F11) mit einem grauen Hintergrund. Formatieren Sie sie fett und zentriert. Zentrieren Sie auch die Werte der ersten Spalte (Stückzahlen).
6. Umrahmen Sie die gesamte Datentabelle und die einzelnen Spalten. Unterstreichen Sie die Spaltenüberschriften (Linie von A11 bis F11).
7. Berechnen Sie in einer neuen Zeile unterhalb der Datentabelle mit der geeigneten Formel den exakten Break-even-Point. Benennen Sie die Zeile und formatieren Sie die Benennung und das errechnete Ergebnis fett und kursiv.
8. Erstellen Sie ein X-Y Diagramm, in dem die Erlöse und die Gesamtkosten in Abhängigkeit von der Produktionsmenge dargestellt werden. Die Legende soll unterhalb des Diagramms platziert werden. Versehen Sie das Diagramm mit einer aussagefähigen Überschrift.
9. Die Produktionsplanung der Wohntal GmbH sieht für den Monat März eine Produktionsmenge von 420 und für den Monat April eine Produktionsmenge von 450 Stück vor. Wie beurteilen Sie die Auftragslage des Unternehmens? Wo befindet sich im erstellten Diagramm der Break-even-Point?
10. Richten Sie Ihre Seite so ein, dass die gesamte Aufgabe vollständig auf einer A4-Seite gedruckt werden kann.

Aufgabe 28: Zahlungseingangskontrolle

Situation

Sie sind Mitarbeiterin bzw. Mitarbeiter in der Abteilung Rechnungswesen der Bürobedarf Müngsten GmbH und für die Überwachung der Zahlungseingänge verantwortlich, die Sie mithilfe von Excel optimieren sollen.

Übung

Arbeitsaufträge

1. Erstellen Sie die folgende Tabelle und formatieren Sie sie entsprechend der unten stehenden Vorgabe oder laden Sie die Datei „Aufgabe 28".

	A	B	C	D	E	F	G	H
1	**Aufgabe 28**							
2								
3	**Zahlungseingangskontrolle**							
4								
5	**Rechnungs-nummer**	**Kunden-nummer**	**Betrag**	**Fälligkeits-datum**	**Überprüfungs-datum**	**Mahnstufe**	**Verzugs-zinsen**	**Gesamt-betrag**
6	62807	24009	3.469,90 €	24.11.2017	28.02.2018			
7	62834	24002	1.407,13 €	13.12.2017	28.02.2018			
8	62945	24003	2.698,48 €	14.01.2018	28.02.2018			
9	62948	24008	8.745,43 €	13.02.2018	28.02.2018			
10	62951	24004	7.834,34 €	23.02.2018	28.02.2018			
11								
12								
13	**Verzugszinsen-Staffelung**							
14	**Mahnstufe**	**Zinssatz (%)**						
15	1. Mahnung	3						
16	2. Mahnung	5						
17	3. Mahnung	7						
18								

2. In der Spalte F soll Excel nun mithilfe einer geeigneten Funktion die entsprechende Mahnstufe identifizieren. Wenn das Fälligkeitsdatum seit mindestens 12 Tagen überschritten ist, wird die 1. Mahnung geschrieben. Die Mahnstufe lautet also „1. Mahnung". Nach 30 Tagen erfolgt die 2. Mahnung (Mahnstufe: „2. Mahnung"). Bei einem Überschreiten des Fälligkeitsdatums von mindestens 50 Tagen erfolgt die letzte Mahnung. Die entsprechende Mahnstufe lautet „3. Mahnung". Falls noch keine Mahnung verschickt wurde, soll die Meldung „keine" erscheinen. [Lösungshinweis: Anzahl der Tage = Überprüfungsdatum – Fälligkeitsdatum]
3. In der Spalte G sollen mithilfe einer geeigneten Funktion für alle offenen Beträge entsprechend der Verzugszinsen-Staffelung (Zellbereich A13:B17) die am Überprüfungstag aufgelaufenen Verzugszinsen berechnet werden.
4. In der Spalte H ist der am Überprüfungstag offene Betrag (Rechnungsbetrag + Verzugszinsen) zu berechnen.
5. Alle berechneten Werte sollen im Buchhaltungsformat mit €-Symbol und zwei Nachkommastellen formatiert sein.
6. Angenommen die säumigen Schuldner machen auch nach der dritten und letzten Mahnung keinerlei Anstalten, die offene Rechnung zu bezahlen. Welche Möglichkeiten bleiben der Bürobedarf Müngsten GmbH, um an ihr Geld zu kommen? Welche Maßnahmen sollten bereits im Vorfeld ergriffen werden, um sich vor zahlungsunwilligen Kunden zu schützen?
7. Richten Sie Ihre Seite so ein, dass die gesamte Aufgabe vollständig auf einer A4-Seite gedruckt werden kann.

Aufgabe 29: Outsourcing

Situation

Ein Kunde der Wohntal GmbH ist die Online-Möbelshop KG, die Möbel über das Internet vertreibt. Die Pakete dieses Unternehmens werden von vier Vertriebszentren verschickt: Augsburg, Bonn, Bremen und Halle. Die Online-Möbelshop KG erwägt, die Zustellung der Waren, die bisher mit eigenem Fuhrpark bewerkstelligt wurde, an private Logistikdienstleister zu übertragen. Zur Auswahl stehen dabei die SCL Systems AG, die KHM Logistics GmbH sowie die Riedl & Partner KG. Das Outsourcing soll jedoch nur dann durchgeführt werden, wenn die Kostenersparnis mindestens 10 % beträgt.

Übung

Arbeitsaufträge

1. Erstellen Sie die folgende Tabelle und formatieren Sie sie entsprechend der unten stehenden Vorgabe oder laden Sie die Datei „Aufgabe 29".

Aufgabe 29

Jährliche Kostenersparnis durch Outsourcing

	A	B	C	D	E	F	G	H
5	Vertriebs-zentren	Anzahl der Pakete	Kosten des eigenen Zustelldienstes	SCL Systems AG	KHM Logistics GmbH	Riedl & Partner KG	günstigste Versandkosten	preisgünstigste Lösung
6	Augsburg	1.556.423	6.537.153,00 €					
7	Bonn	2.345.457	10.471.506,20 €					
8	Bremen	1.350.167	5.234.962,20 €					
9	Halle	1.985.463	6.353.481,60 €					
10	Summe					Summe		
11						Einsparung in €		
12						Einsparung in %		

Angebote der Logistikdienstleister für die einzelnen Vertriebsgebiete

	A	B	C	D
16	Vertriebs-zentren	Kosten je Paket		
17		SCL Systems AG	KHM Logistics GmbH	Riedl & Partner KG
18	Augsburg	3,60 €	3,75 €	3,80 €
19	Bonn	3,30 €	2,95 €	2,90 €
20	Bremen	3,50 €	3,35 €	3,50 €
21	Halle	2,85 €	3,00 €	2,90 €

2. Berechnen Sie die Gesamtzahl der Pakete sowie die Gesamtkosten für den eigenen Zustelldienst.

3. Ermitteln Sie in den Spalten D, E und F mithilfe der *SVERWEIS*-Funktion (→ Zusatztabelle über die Kosten je Paket) die Kosten der Logistikdienstleister für die einzelnen Vertriebszentren.

4. In der Spalte G soll durch den Einsatz einer geeigneten Funktion der günstigste Betrag aller möglichen Varianten erscheinen.

5. Berechnen Sie die Summe der günstigsten Versandkosten (Zelle G10). Vergleichen Sie diesen Betrag mit den Gesamtkosten des eigenen Zustelldienstes (Zelle C10), indem Sie die Einsparungen in € (Zelle G11) und die Einsparungen in % (Zelle G12) mithilfe geeigneter Formeln berechnen.

6. In der Spalte H soll mithilfe der WENN-Funktion jeweils der preisgünstigste Anbieter ermittelt werden. Entsprechend soll in dieser Spalte „SCL Systems AG", „KHM Logistics GmbH" oder „Riedl & Partner KG" erscheinen.

Arbeitsaufträge (Fortsetzung)

7. Formatieren Sie alle berechneten Werte im Währungsformat mit €-Zeichen und zwei Nachkommastellen und die Einsparung in % als Prozentzahl mit einer Nachkommastelle.

8. Lohnt es sich für die Online-Möbelshop KG auf externe Logistikdienstleister zurückzugreifen? Nennen Sie – neben den Kosten – zwei weitere Aspekte, die bei einer Entscheidung für oder gegen Outsourcing zu berücksichtigen sind.

9. Richten Sie Ihre Seite so ein, dass die gesamte Aufgabe vollständig auf einer A4-Seite gedruckt werden kann.

Aufgabe 30: Fehlzeitenstatistik

Situation

Der Geschäftsführer der Wohntal GmbH beklagt die deutliche Zunahme der Fehltage im letzten Jahr. Als Hauptursache sieht er die hohen Fehlzeiten der Mitarbeiter in der Produktion. Sie werden als Mitarbeiterin bzw. Mitarbeiter der Personalabteilung gebeten, eine detaillierte, nach Abteilungen gegliederte Analyse der Fehlzeiten des letzten Jahres durchzuführen.

Übung

Arbeitsaufträge

1. Erstellen Sie die folgende Tabelle und formatieren Sie sie entsprechend der unten stehenden Vorgabe oder laden Sie die Datei „Aufgabe 30".

	A	B	C	D	E	F	G
1	**Aufgabe 30**						
2							
3	**Fehlzeitenstatistik**						
4							
5							
6	**Abteilung**	**Belegschaft**	**Anteil an der Gesamtbelegschaft**	**ø Fehltage Summe pro Monat**	**ø monatl. Fehltage je Mitarbeiter**	**ø jährliche Fehltage je Mitarbeiter**	**Wertung**
7	Personalabteilung	6		3,9			
8	Buchhaltung	5		3,5			
9	Finanzabteilung	4		2,5			
10	Einkauf	14		7,5			
11	Verkauf	15		12,1			
12	Marketing	6		8,6			
13	Außendienst	12		23,7			
14	Technik und Entwicklung	21		5,4			
15	Produktion	149		113,7			
16	**Gesamt**						

2. Berechnen Sie mithilfe einer geeigneten Formel für jede Abteilung den Anteil der Mitarbeiterzahl an der Gesamtbelegschaft. Formatieren Sie die Ergebnisse in Prozent mit einer Nachkommastelle.
3. Berechnen Sie die durchschnittlichen monatlichen Fehltage je Mitarbeiter sowie die durchschnittlichen jährlichen Fehltage je Mitarbeiter mithilfe der jeweils geeigneten Formel. Formatieren Sie die Ergebnisse als Zahl mit einer Nachkommastelle.
4. In der Spalte G soll mithilfe der SVERWEIS-Funktion eine Wertung der Fehlzeiten vorgenommen werden. Erstellen Sie dazu eine Zusatztabelle, aus der folgende Wertungen hervorgehen: Wenn die durchschnittlichen jährlichen Fehltage < 7 sind, soll die Wertung „niedrig" erfolgen. Liegt diese Zahl bei 7 oder 8, erfolgt die Wertung „normal". Ist die Zahl größer oder gleich 9, aber kleiner 11, soll „leicht erhöht" gemeldet werden. Ab dem Wert 11 soll die Wertung „deutlich erhöht!!!" erscheinen. Die Wertungen sollen jeweils in Fettschrift formatiert sein.
5. Vervollständigen Sie die Zeile Gesamt mithilfe von geeigneten Formeln.
6. Erstellen Sie ein Säulendiagramm, in dem der Vergleich der durchschnittlichen jährlichen Fehltage je Mitarbeiter in den einzelnen Abteilungen und im Gesamtdurchschnitt veranschaulicht wird. Versehen Sie das Diagramm mit einer aussagefähigen Überschrift und verzichten Sie auf eine Legende.
7. Hatte der Geschäftsführer mit seiner Einschätzung recht? Welche Schlussfolgerungen ziehen Sie aus den Ergebnissen Ihrer Auswertungen? Nennen Sie zwei mögliche Ursachen für erhöhte Fehlzeiten.
8. Richten Sie Ihre Seite so ein, dass die gesamte Aufgabe vollständig auf einer A4-Seite gedruckt werden kann.

Teil C: PRÜFUNGSSIMULATION

Aufgabe 1 Die Lösung finden Sie auf

Allgemeine Hinweise:
Sie benötigen von der CD folgende Dateien:
Aufgabe 1: Stammdaten.xlsx
Aufgabe 3: Interne Mitteilung.docx
Aufgabe 4: Briefvordruck Müngsten.docx

Corporate-Design:

Tabellenkalkulation:
Schriftart Arial, Schriftgröße 10
Überschriften zentriert, Schriftgröße 14
Diagramm mit Standardschriftart und Größe
Diagrammtitel Schriftgröße 12 und fett
Prozentformat mit 2 Nachkommastellen

Textverarbeitung:
Schriftart Arial, Schriftgröße 11
Überschriften Schriftgröße 16 und zentriert

Achten Sie generell auf die Rechtschreibung, Zeichensetzung und übersichtliche Darstellung. Wenden Sie die **DIN 5008** an und berücksichtigen Sie das **Corporate-Design**. Formulieren Sie in ganzen Sätzen, nicht stichwortartig, berücksichtigen Sie einen modernen Korrespondenzstil. Schreiben Sie in die Kopfzeile jedes Dokumentes linksbündig Ihren Vor- und Zunamen.

Situation

Sie sind Mitarbeiter/-in im Verkauf der Firma Bürobedarf Müngsten GmbH in Düsseldorf und haben Artvollmacht. Die Büro Müngsten GmbH ist ein mittelständisches Unternehmen und handelt mit Bürobedarf und Büromöbeln aller Art.

Kontaktdaten: Aggerstraße 7
40474 Düsseldorf
Ihre Durchwahl: 564
Telefon: 02177 7654-0 Homepage: buero-muengsten.de
Telefax: 02177 7654-40 E-Mail: name@buero-muengsten.de

In der heutigen Besprechung mit Ihnen und dem Leiter der Verkaufsabteilung Fritz Meurer geht es unter anderem um den Absatz von Kopierpapier. Fritz Meurer berichtet:

„Ich bin der Meinung, dass der Absatz von Recycling-Papier den von Standard-Kopierpapier in den letzten Kalenderwochen übertroffen hat. Ich habe den Eindruck, dass besonders die vielen kleineren Kunden großen Wert auf ökologisch hergestelltes Papier legen, wohingegen unsere fünf großen Stammkunden nach wie vor ausschließlich hochweißes Standard-Kopierpapier bestellen. Um dies zu prüfen, bitte ich Sie, den Absatz unserer vier Sorten Kopierpapier von der 33. bis 38. Kalenderwoche (KW) auszuwerten. Mich interessieren vor allem die beiden anfangs erwähnten Kopierpapiere, das Ergebnis hätte ich gerne von Ihnen schriftlich. Sollte sich meine Vermutung bestätigen, sollten wir dann auch das Recycling-Papier bei den größten Stammkunden bewerben. Bitte formulieren Sie hierzu einen ansprechenden Werbebrief und gehen Sie dabei besonders auf die ökologischen Gesichtspunkte ein. Weisen Sie die Kunden darauf hin, dass unser Recycling-Papier problemlos von allen Druckern und Kopierern verarbeitet werden kann und auch in der Farbe Weiß zu erhalten ist. Papiermuster werden sie sicher überzeugen, legen Sie diese deshalb bei."

Sie antworten: „Das mache ich gerne für Sie Herr Meurer. Den Werbebrief an die Kunden werde ich dann als Serienbrief verfassen, das geht ganz einfach."

Übung

Aufgabe 1: Erstellen der Datei Auswertung

1. Öffnen Sie auf der CD die Datei „Stammdaten" und speichern Sie diese unter dem Namen „Name_Auswertung".
2. Erstellen Sie die in der Anlage 1 erstellte Tabelle und nennen Sie dieses Tabellenblatt „Auswertung".
3. Übernehmen Sie die benötigten Daten und Formatierungen aus dem Tabellenblatt „Stammdaten" mit einer entsprechenden Funktion in das Tabellenblatt „Auswertung".
4. Berechnen Sie den Gesamtabsatz je Kopierpapier.
5. Berechnen Sie die Summen für den Absatz je Kalenderwoche und für den Gesamtabsatz.
6. Formatieren Sie alle Absatzzahlen mit dem 1000er-Trennzeichen ohne Nachkommastelle.
7. Berechnen Sie den prozentualen Anteil je Woche am Gesamtabsatz.
8. Berechnen Sie an den entsprechenden Stellen den niedrigsten und höchsten Absatz.
9. Fügen Sie ein Textfeld für den Kommentar ein. Interpretieren Sie Ihr Ergebnis, achten Sie auf eine gute Ausdrucksweise.

Aufgabe 2: Erstellen des Diagrammes

1. Erstellen Sie ein Liniendiagramm, das für die Kalenderwochen 33 bis 38 den Absatz der Kopierpapiere Recycling und Standard zeigt. Auf der X-Achse sollen die Bezeichnungen 33. bis 38. KW erscheinen.
2. Die Legende enthält die Bezeichnungen „Recycling" und „Standard".
3. Geben Sie dem Diagramm eine aussagefähige Überschrift.
4. Beschriften Sie die Größenachse (Y) mit der Mengenbezeichnung.
5. Skalieren Sie die Werte der Y-Achse zwischen einem Minimum von 10000 und einem Maximum von 42000 mit einem Intervall von 4000.
6. Platzieren Sie die Legende unter die X-Achse.
7. Entfernen Sie die Hauptgitternetzlinien.

Seitenlayout:

Passen Sie die Seite so an, dass sie auf einer A4-Seite im Querformat ausgedruckt werden kann. Kopieren Sie die Datei „Auswertung" in ein neues Tabellenblatt und nennen Sie dieses Tabellenblatt „Formelansicht".

Aufgabe 3: Erstellen einer internen Mitteilung

Öffnen Sie die Datei „Interne Mitteilung" und speichern Sie die Datei unter „Name_Mitteilung".

1. Informieren Sie Fritz Meurer über die Absatzzahlen der Kopierpapiere.
2. Beachten Sie die Angaben aus der Situationsbeschreibung.
3. Das Excel-Diagramm legen Sie Ihrem Schreiben bei.

Aufgabe 4: Quellendatei erstellen

1. Öffnen Sie ein leeres Word-Dokument und speichern Sie dieses unter „Name_Quellendatei".
2. Schauen Sie sich die Kundenanschriften an (Anlage 2) und legen Sie zunächst für Ihren Serienbrief die erforderlichen Feldnamen fest.
3. Achten Sie darauf, dass die Anreden im Brief später über Bedingungsfeld einzugeben sind.
4. Fügen Sie eine Tabelle mit den erforderlichen Zeilen und Spalten ein.
5. Füllen Sie die Tabelle entsprechend aus.
6. Ändern Sie die Zellbegrenzungen der Tabelle oben und unten auf 0,2 cm.
7. Die Zeilenhöhe der Kopfzeile ändern Sie auf 0,8 cm.
8. Zentrieren Sie die gesamte Tabelle horizontal und vertikal.
9. Setzen Sie mindestens zwei DIN-Empfehlungen um.
10. Passen Sie den Inhalt an.

Aufgabe 5: Werbebrief als Serienbrief formulieren

Öffnen Sie die Datei „Briefvordruck Müngsten" und speichern Sie den Brief unter „Name_Werbebrief". Achten Sie beim Formulieren auf die AIDA-Formel.

1. Fügen Sie die Feldnamen an den passenden Stellen ein.
2. Formulieren Sie einen ansprechenden Werbebrief, gehen Sie auf die Eigenschaften des Recycling-Papiers (Anlage 3) ein.
3. Es gelten die Katalogpreise, die Kunden erhalten einmalig 10 % Rabatt auf die Recyclingpapiere.
4. Berücksichtigen Sie auch die Angaben der Situationsbeschreibung.

Drucken Sie aus:

Tabellenkalkulation:

Datei „Auswertung" mit Diagramm

Datei „Auswertung" mit Formelansicht

Textverarbeitung:

Quellendatei

Werbebrief

Werbebrief mit Feldfunktionen

Anlage 1

Absatz unserer Kopierpapiere in den Kalenderwochen 33 bis 38

Artikel-Nr.	Bezeichnung	Mengeneinheit	33. KW	34. KW	35. KW	36. KW	37. KW	38. KW	Gesamtabsatz
Gesamtabsatz je KW									
höchster Absatz									
niedrigster Absatz									
Anteil je KW am Gesamtabsatz									

Anlage 2

Kundenanschriften und Ansprechpartner:

Klinger GmbH, Frieda Klein, Postfach 34 67 88, 65534 Limburg
Point of Sport, Jörg Malz, Postfach 34 55 88; 62412 Wiesbaden
Fischer GmbH, Gerlinde Seibel; Steinweg 34; 50668 Köln
Dankler & Co., Paul Schneider, Postfach 23 45 45, 40478 Düsseldorf
Hesselbach AG, Elke Stein, Postfach 32 22, 60345 Frankfurt

Anlage 3

Eigenschaften des Kopierpapiers:

80 g/m^2, aus 100 % Recycling-Papier, ausgezeichnet mit dem Umweltsiegel Blauer Engel
Eigenschaften: Hochwertige Anmutung, sehr hohe Weiße

Aufgabe 2 Die Lösung finden Sie auf

Allgemeine Hinweise:

Sie benötigen von der CD folgende Dateien:
E-Mail.docx
Umsatz.docx
Umsatz.jpg

Corporate-Design:

Tabellenkalkulation:
Schriftart Arial, Schriftgröße 10
Überschriften zentriert, Schriftgröße 14
Diagramm gemäß den Vorgaben Punkt 2
Diagrammtitel gemäß Aufgabenstellung

Textverarbeitung:
Schriftart Arial, Schriftgröße 11

Achten Sie generell auf die Rechtschreibung, Zeichensetzung und übersichtliche Darstellung. Wenden Sie die **DIN 5008** an und berücksichtigen Sie das **Corporate-Design**. Formulieren Sie in ganzen Sätzen, nicht stichwortartig, berücksichtigen Sie einen modernen Korrespondenzstil. Schreiben Sie in die Kopfzeile jedes Dokumentes linksbündig Ihren Vor- und Zunamen.

Situation

Sie sind Mitarbeiter/-in im Verkauf der Firma Bürobedarf Müngsten GmbH in Düsseldorf und haben Artvollmacht. Diese Firma ist ein mittelständisches Unternehmen und handelt mit Bürobedarf und Büromöbeln aller Art.

Kontaktdaten: Aggerstraße 7
40474 Düsseldorf
Telefon: 02177 7654-0
Telefax: 02177 7654-40
Homepage: buero-muengsten.de
E-Mail: name@buero-muengsten.de

Die Müngsten GmbH produziert Schreibtische. Zu Beginn des Jahres 2017 wurden die Preise aller Produkte pauschal um 10 % erhöht. Herr Laux, Ihr Abteilungsleiter, ist der Meinung, dass dadurch auch die Umsätze im 1. Quartal 2017 gegenüber den Umsätzen im 1. Quartal des Vorjahres gestiegen sind. Er bittet Sie, seine These zu prüfen und statistisch aufzubereiten.

Übung

Aufgabe 1: Vorbereiten der Datei und Erfassen der Daten

1. Öffnen Sie mit Ihrem Tabellenkalkulationsprogramm eine neue Datei und geben Sie dem Tabellenblatt 1 den Namen „Daten" und speichern Sie die Datei unter „Name_Auswertung".
2. Geben Sie in das Tabellenblatt „Daten" die in der Anlage 1 abgebildeten Werte und Informationen positionsgerecht ein. Übernehmen Sie alle Formatierungen und wählen Sie die Schriftart Arial und Schriftgröße 10.
3. Berechnen Sie im Tabellenblatt „Daten" den Umsatz für das 1. Quartal 2017 und berücksichtigen Sie dabei die generelle Preiserhöhung aller Produkte um 10 %. Ermitteln Sie in der vorgesehenen Spalte die prozentuale Veränderung in Prozentformat mit 2 Nachkommastellen.
4. Berechnen Sie die Summe der Umsätze in den ersten Quartalen der Jahre 2016 und 2017.
5. Formatieren Sie alle Geldbeträge im Format Währung mit dem Euro-Symbol und formatieren Sie die Absatzzahlen benutzerdefiniert mit der Benennung „Stück".

Aufgabe 2: Erstellen des Diagramms

1. Fügen Sie in das Tabellenblatt „Daten" ein Säulendiagramm ein, welches die Umsätze aller Produkte im ersten Quartal der Jahre 2016 und 2017 zeigt. Geben Sie dem Diagramm eine aussagefähige Überschrift in Schriftgröße 14.
2. Beschriften Sie nur die X-Achse.
3. Geben Sie für die Legende „1. Quartal 2016" und „1. Quartal 2017" ein.
4. Skalieren Sie die Y-Achse zwischen 200 000 und 1 200 000 mit einem Hauptintervall von 200 000.
5. Entfernen Sie den Hintergrund der Zeichnungsfläche des Diagramms.

Aufgabe 3: Stellungnahme und Seitenlayout

1. Fügen Sie in das Tabellenblatt „Daten" ein Textfeld ein.
2. Nehmen Sie in dem Textfeld Stellung zur Behauptung von Herrn Laux. Erläutern Sie die Entwicklung der Zahlen.
3. Notieren Sie 2 Maßnahmen, mit denen die Umsätze erhöht werden können.
4. Formulieren Sie in ganzen Sätzen, nicht stichwortartig. Achten Sie auf eine gute Ausdrucksweise und übersichtliche Darstellung.
5. Passen Sie die Seite so an, dass sie auf einer A4-Seite im Querformat ausgedruckt werden kann und ordnen Sie alle Aufgabenteile übersichtlich und lesbar an.
6. Kopieren Sie die Datei „Daten" in ein neues Tabellenblatt und nennen Sie dieses Tabellenblatt „Formelansicht".

Fortsetzung Situation

Sie stellten fest, dass die Umsätze einzelner Vertriebsfilialen stark gesunken sind. Das haben Sie Herrn Laux bereits mitgeteilt. Er möchte nun, dass Sie die Filialleitungen mit Umsatzminus zu einer Besprechung nach Bielefeld einladen. Ziel ist, Strategien zu entwickeln, wie man die Umsatzzahlen wieder steigern kann. Mögliche Gründe für die Umsatzeinbrüche sollen Ihnen die Leiter der Vertriebsfilialen im Vorfeld so schnell wie möglich schriftlich mitteilen.

Herr Laux hat heute in zwei Wochen nachmittags keine wichtigen Termine, das Besprechungszimmer ist frei. Zeitansatz: ca. 2 Stunden.

Für die Besprechung bereiten Sie ein Informationsblatt mit Tipps zur Umsatzsteigerung vor, das die Filialleiter über wesentliche Punkte informieren soll.

Aufgabe 4: Leiter Vertriebsfilialien einladen

1. Öffnen Sie auf der CD die Datei „E-Mail" und speichern Sie die Datei unter „Name_Einladung".
2. Laden Sie die Filialleitungen entsprechend Ihres Ergebnisses ein, E-Mail-Verteiler: Filialleitung
3. Die Excel-Datei fügen Sie als Anhang bei.
4. Ergänzen Sie die Signatur.

Aufgabe 5: Informationsblatt „Tipps für Umsatzsteigerung" erstellen

1. Öffnen Sie die Datei „Umsatz" und speichern Sie diese unter „Name_Umsatz".
2. Formatieren Sie die Überschrift in Schriftgröße 16, fett und zentriert.
3. Löschen Sie die letzte Zeile (Quellenangabe) und erstellen Sie stattdessen nach der Überschrift eine Fußnote für die Quellenangabe: „Buch: Verkauf einfach emotional, Ingo Vogel, Gabal Verlag, 2015".
4. Stellen Sie die Absätze normgerecht dar.
5. Ändern Sie die Seitenränder: links: 2 cm, rechts 1,5 cm, oben 2 cm.
6. Die Teilüberschriften sind mit Fettdruck abzubilden.
7. Stellen Sie den Text in zwei Spalten dar.
8. Fügen Sie vor „Umsatzsteigerung Tipp 4" einen manuellen Spaltenumbruch ein.
9. Fügen Sie die Grafik „Umsatz" ein und skalieren Sie diese auf 50 %.
10. Platzieren Sie die Grafik „Umsatzsteigerung" jeweils vom **Seitenrand**: Horizontal 1 cm; Vertikal 18 cm.
11. Führen Sie eine automatische Silbentrennung durch.

Anlage 1

	A	B	C	D	E	F
1	**Umsatz von Schreibtischen der Müngsten GmbH**					
2	**Produkt**	**Umsatz 1. Quartal 2016**	**Preis 2016**	**Absatz 1. Quartal 2017**	**Umsatz 1. Quartal 2017**	**Veränderung**
3	Chef	1.125.000,00 €	360,00 €	2625		
4	Monte Carlo	950.000,00 €	400,00 €	2500		
5	Nizza	450.000,00 €	240,00 €	1250		
6	Marseille	650.000,00 €	260,00 €	2125		
7	Summe					

Drucken Sie aus:

Tabellenkalkulation:

Datei „Auswertung" mit Diagramm

Datei „Auswertung" mit Formelansicht

Textverarbeitung:

Datei „Einladung"

Datei „Umsatz"

Aufgabe 3 Die Lösung finden Sie auf

Allgemeine Hinweise:
Sie benötigen von der CD folgende Dateien:
Checkliste.docx
E-Mail.docx

Corporate-Design:

Tabellenkalkulation:
Schriftart Arial, Schriftgröße 10
Überschriften zentriert, Schriftgröße 14

Textverarbeitung:
Schriftart Arial, Schriftgröße 11
Überschriften Schriftgröße 16 und zentriert

Achten Sie generell auf die Rechtschreibung, Zeichensetzung und übersichtliche Darstellung. Wenden Sie die **DIN 5008** an und berücksichtigen Sie das **Corporate-Design**. Formulieren Sie in ganzen Sätzen, nicht stichwortartig, berücksichtigen Sie einen modernen Korrespondenzstil. Schreiben Sie in die Kopfzeile jedes Dokumentes linksbündig Ihren Vor- und Zunamen.

Situation

Sie sind Mitarbeiter/-in der Bürobedarf Müngsten GmbH in Düsseldorf und haben Artvollmacht. Diese Firma ist ein mittelständisches Unternehmen und handelt mit Bürobedarf und Büromöbeln aller Art.

Kontaktdaten: Aggerstraße 7
40474 Düsseldorf
Telefon: 02177 7654-0
Telefax: 02177 7654-40
Homepage: buero-muengsten.de
E-Mail: name@buero-muengsten.de

Sie arbeiten in der Verkaufsabteilung. Der Abteilungsleiter Günter Münz gibt Ihnen heute das Protokoll der letzten Abteilungsleitersitzung (Anlage 1) und bittet Sie, die daraus resultierenden Arbeitsaufträge zu erledigen. Wichtig sind vor allem die Umsatzzahlen des letzten Quartals für die neu eingeführten Bildschirme und die Boni, die die Stammkunden erhalten. Sie gestalten außerdem den Entwurf für eine Checkliste für Bildschirmarbeitsplätze, die Sie Ihren Kunden mit den Bildschirmen senden werden.

Ihre Ergebnisse schicken Sie per E-Mail an die Abteilungsleiter/-innen, dazu können Sie den E-Mail-Verteiler „Abteilungsleiter/-innen" verwenden. Der Geschäftsführer Robert Müngsten erhält eine Kopie.

Übung

Aufgabe 1: Vorbereiten der Datei und Erfassen der Daten

1. Öffnen Sie eine leere Tabelle mit dem Tabellenkalkulationsprogramm und speichern Sie dieses unter „Name_Stammdaten".
2. Geben Sie dem Tabellenblatt 1 den Namen „Daten".
3. Das Tabellenblatt 2 erhält den Namen „Auswertung".
4. Geben Sie in das Tabellenblatt „Daten" die in der Anlage 2 abgebildeten Werte und Informationen positionsgerecht ein. Übernehmen Sie alle Formatierungen und wählen Sie die Schriftart Arial Schriftgröße 10.
5. Geben Sie in das Tabellenblatt „Auswertung" die in der Anlage 3 abgebildeten Werte und Informationen positionsgerecht ein. Übernehmen Sie alle Formatierungen und wählen Sie die Schriftart Arial Schriftgröße 10.

Aufgabe 2: Bearbeiten der Datei

1. Bearbeiten Sie das Tabellenblatt „Auswertung" und übernehmen Sie mit der kopierbaren Funktion SVERWEIS die Einzelpreise aus dem Tabellenblatt „Daten" in die entsprechende Spalte.
2. Berechnen Sie den Bestellwert der einzelnen Kunden.
3. In den Spalten F und G sollen mithilfe der kopierbaren Funktion WENN die Bonusbeträge in Euro ermittelt werden.
   - Den Bonus von 3 % erhalten Kunden bei einem Bestellwert von über 30000 EUR.
   - Den Bonus von 1,5 % erhalten Kunden bei einem Bestellwert von 30000 EUR und weniger, wenn sie mehr als 25 Stück bestellt haben.
   - Wenn keine der Bedingungen erfüllt sind, soll der Betrag 0 erscheinen.
4. Berechnen Sie den Bestellwert abzüglich Bonus.
5. Ermitteln Sie die Spaltensummen der Spalten E bis H.
6. Ermitteln Sie den minimalen Bestellwert in der vorgegebenen Zelle mithilfe der entsprechenden Funktion.
7. Ermitteln Sie den maximalen Bestellwert in der vorgegebenen Zelle mithilfe der entsprechenden Funktion.
8. Berechnen Sie den Durchschnitt der Bestellwerte in der vorgegebenen Zelle mithilfe einer Funktion.
9. Berechnen Sie in der Zelle B14, in wie vielen Bestellvorgängen der am häufigsten bestellte Artikel bestellt wurde.
10. Berechnen Sie in der Zelle C14 mit einer entsprechenden Formel die Bestellmenge des am häufigsten bestellten Artikels.
11. Formatieren Sie alle Werte im Format „Währung" (EUR) mit zwei Nachkommastellen.
12. Geben Sie der Tabelle eine aussagefähige Überschrift. Zentrieren Sie die Überschrift über alle Spalten, in Schriftgröße 12 und fett. Fügen Sie eine Leerzeile zwischen Überschrift und Tabelle ein.
13. Kopieren Sie das Tabellenblatt „Auswertung" in die Tabelle 3 und benennen Sie diese Tabelle „Formeln".

Aufgabe 3: Erstellen des Diagramms

1. Erstellen Sie ein Säulendiagramm, das die Absatzzahlen der einzelnen Kunden darstellt.
2. Die Legende enthält die Bezeichnung „Bestellmenge".
3. Geben Sie dem Diagramm eine aussagefähige Überschrift. Wählen Sie die Schriftgröße 14, fett.
4. Beschriften Sie die Größenachse (Y-Achse) mit der Mengenbezeichnung und die X-Achse mit „Kunde".
5. Skalieren Sie die Werte der Y-Achse zwischen einem Minimum von 0 und Maximum von 40. Ändern Sie das Hauptintervall auf 5.
6. Platzieren Sie die Legende unter die X-Achse.

Aufgabe 4: Infoblatt Bildschirmarbeitsplatz

1. Öffnen Sie die Datei „Checkliste" und speichern Sie diese unter „Name_Checkliste".
2. Wandeln Sie den Text in eine Tabelle um.
3. Geben Sie der Tabelle eine aussagekräftige Überschrift, fügen Sie dahinter ein passendes Symbol aus Wingdings ein und passen Sie die Schriftgröße an.
4. Ergänzen Sie je Teilüberschrift zwei weitere wesentliche Faktoren, fügen Sie dazu je zwei weitere Tabellenzeilen ein.
5. Fügen Sie die Auswahlkästchen „ja" und „nein" in alle erforderlichen Zellen ein.
6. Ändern Sie die Zeilenhöhe der Teilüberschriften auf 0,9 cm, die anderen Zeilen auf 0,6 cm.
7. Formatieren Sie die Zellausrichtung der ersten Spalte vertikal zentriert, die Spalte 2 und 3 vertikal und horizontal zentriert.
8. Die Zeile mit den Teilüberschriften wird mit Aquamarin, Akzent 5, heller 40 % schattiert.

Aufgabe 5: E-Mail verfassen

Öffnen Sie die Datei „E-Mail" und speichern Sie diese unter „Name_E_Mail". Informieren Sie die Abteilungsleiter und den Geschäftsführer ausführlich über Ihre Ergebnisse. Legen Sie die Excel-Tabelle und die Checkliste als Anhang bei. Ergänzen Sie eine Signatur nach Wahl.

Druck und Seitenlayout

Passen Sie das Tabellenblatt „Auswertung" so an, dass es auf einer A4-Seite im Querformat ausgedruckt wird.

Drucken Sie das Tabellenblatt „Formeln" in der Formelansicht aus.

Drucken Sie die Checkliste und die E-Mail aus.

Anlage 1

Auszug Protokoll Abteilungsleitersitzung

TOP 2 Umsätze und Boni neue Bildschirme

Genaue Zahlen für das letzte Quartal liegen nicht vor und werden bei der nächsten Abteilungsleitersitzung vorgelegt. Vor allem sind die Zahlen von den sechs besten Stammkunden interessant.

TOP 3 Bildschirmarbeitsplätze

Viele Kunden wollen sich bei uns über die Anforderungen von Bildschirmarbeitsplätzen informieren und evtl. solche Arbeitsplätze nach Bildschirmarbeitsverordnung korrekt einrichten. Dazu soll eine Checkliste entwickelt werden, mit der die Kunden ihre derzeitige Situation ermitteln können. Die Checkliste soll generell allen Lieferungen von Bildschirmen beigelegt werden.

Anlage 2

	A	B	C	D	E	F	G	H
1	Artikel (Auszug)							
2								
3	Artikelnummer	Bezeichnung	Einzelpreis					
4	1450	LCD	498,00 €					
5	1454	Plasma	1.098,00 €					
6	1564	Pixeltraum	1.249,00 €					
7	1755	Screen	589,00 €					
8								
9								

Anlage 3

	A	B	C	D	E	F	G	H
1	Übersicht zur Bonusermittlung Bildschirme 1. Quartal 20..							
2								
3	Kunde	Artikel-nummer	Bestell-menge	Einzel-preis	Bestellwert	Bonuswert bei 3 %	Bonuswert bei 1,5 %	Bestellwert abzüglich Bonus
4	Haupt	1454	28					
5	Laux	1564	30					
6	Meurer	1755	10					
7	Müller	1454	35					
8	Sehr	1450	28					
9	Simon	1454	17					
10	Summe							
11	Minimum							
12	Maximum							
13	Durchschnitt							
14	Häufigkeit							

Aufgabe 4 Die Lösung finden Sie auf

Allgemeine Hinweise:
Sie benötigen von der CD folgende Dateien:
Briefvordruck Müngsten.docx

Corporate-Design:

Tabellenkalkulation:
Schriftart Arial, Schriftgröße 10
Überschriften zentriert, Schriftgröße 14

Textverarbeitung:
Schriftart Arial, Schriftgröße 11
Überschriften Schriftgröße 16, fett

Achten Sie generell auf die Rechtschreibung, Zeichensetzung und übersichtliche Darstellung. Wenden Sie die **DIN 5008** an und berücksichtigen Sie das **Corporate-Design**. Formulieren Sie in ganzen Sätzen, nicht stichwortartig, berücksichtigen Sie einen modernen Korrespondenzstil. Schreiben Sie in die Kopfzeile jedes Dokumentes linksbündig Ihren Vor- und Zunamen.

Situation

Sie sind Mitarbeiterin bzw. Mitarbeiter im Rechnungswesen der Bürobedarf Müngsten GmbH und haben Artvollmacht. Diese Firma ist ein mittelständisches Unternehmen und handelt mit Bürobedarf und Büromöbeln aller Art.

Kontaktdaten:
Aggerstraße 7
40474 Düsseldorf
Telefon: 02177 7654-0
Telefax: 02177 7654-40
Ihre Durchwahl: 344
Homepage: buero-muengsten.de
E-Mail: name@buero-muengsten.de

Als Mitarbeiterin bzw. Mitarbeiter im Rechnungswesen überwachen Sie unter anderem den Zahlungseingang der Kunden. Sie erfassen zurzeit die noch nicht beglichenen Rechnungen in separaten Listen, auf denen die Zahlungen von Kunden „abgehakt“ werden.

Sie suchen das Gespräch mit Ihrem Abteilungsleiter Stefan Martin, um eine bessere Lösung zu finden: „Herr Martin, wir müssen unbedingt die Vorgehensweise hinsichtlich der Zahlungseingänge vereinfachen. Durch die fehlende Übersicht kann es passieren, dass einige Kunden nicht rechtzeitig angemahnt werden.“ Stefan Martin: „Sie haben Recht, so kann es nicht weitergehen. Wir haben sogar Ausfälle zu verbuchen, weil die Forderungen nach drei Jahren verjährt waren. Können Sie bitte mithilfe des Tabellenkalkulationsprogramms Excel die Zahlungseingänge vereinfacht darstellen? Hilfreich wäre auch eine grafische Darstellung der Forderungsausfälle für das Jahr 2016.

Mir ist sehr wichtig, dass in der nächsten Abteilungsleiterbesprechung die Mitarbeiter des Rechnungswesens über die aktuellen Änderungen informiert werden. Stellen Sie dafür bitte in einem Informationsblatt Möglichkeiten zusammen, die geeignet sind, bereits bei Auftragsannahme und später bei Zahlungsverzug Forderungsausfälle zu vermeiden bzw. zu minimieren.

Außerdem habe ich gehört, das unser Stammkunde Schmidt OHG zum zweiten Mal angemahnt wurde. Da stimmt etwas nicht, er zahlte sonst immer pünktlich. Haken Sie einmal schriftlich nach und fragen Sie nach Gründen, vielleicht war auch etwas mit der letzten Lieferung nicht in Ordnung. Bieten Sie ihm an, dass wir über eventuelle Zahlungsschwierigkeiten reden können und schlagen Sie ihm konkret eine sinnvolle Maßnahme vor, wie wir ggf. helfen können. Den Brief unterschreibe ich natürlich selbst. Danke Ihnen!“

Übung

Aufgabe 1: Vorbereiten der Datei und Erfassen der Daten

1. Öffnen Sie eine leere Tabelle mit dem Tabellenkalkulationsprogramm und speichern Sie dieses unter „Name_Zahlungseingang".
2. Geben Sie dem Tabellenblatt 1 den Namen „Zahlungseingänge".
3. Geben Sie in das Tabellenblatt „Zahlungseingänge" die in der Anlage 1 abgebildeten Werte und Informationen positionsgerecht ein. Übernehmen Sie alle Formatierungen und wählen Sie die Schriftart Arial Schriftgröße 10.
4. Benennen Sie das Tabellenblatt 2 „Mahngebühr" und übernehmen die in der Anlage 2 abgebildeten Werte und Informationen.

Aufgabe 2: Bearbeiten der Datei

1. In der Spalte G soll mit einer geeigneten Funktion die entsprechende Mahnstufe ausgegeben werden (siehe Anlage 2). Wenn das Fälligkeitsdatum seit mindestens 10 Tage überschritten ist, wird die 1. Mahnung geschrieben. Diese Mahnstufe soll als „1. Mahnung" ausgegeben werden. Nach 35 Tagen erfolgt die 2. Mahnung, es soll dann der Text „2. Mahnung" ausgegeben werden. Die 3. Mahnung soll nach 40 Tagen erfolgen und der Text „3. Mahnung" stehen, ansonsten „keine Mahnung".
2. In der Spalte H soll die Mahngebühr mit einer entsprechenden Funktion ausgegeben werden.
3. In der Spalte I ist der am Überprüfungstag offene Betrag zu berechnen.
4. Kopieren Sie Ihr Ergebnis in ein neues Tabellenblatt und stellen Sie die Formelansicht ein.

Aufgabe 3: Erstellen des Diagramms

1. Die Forderungsausfälle durch die Kunden sollen prozentual zu deren Gesamtumsatz des Jahres 2016 grafisch dargestellt werden Benennen Sie das Tabellenblatt 3 „Forderungsausfälle 2016".
2. Fügen Sie dazu in das Tabellenblatt „Forderungsausfälle 2016" ein Kreisdiagramm ein. Benutzen Sie die Daten der Anlage 3.
3. Geben Sie dem Diagramm eine aussagefähige Überschrift in Schriftgröße 14, fett.
4. Fügen Sie ein Textfeld ein und tragen Sie den realisierten Umsatz und den Forderungsausfall in Euro ein.

Aufgabe 4: Informationsblatt erstellen

1. Öffnen Sie ein leeres Dokument und speichern Sie es unter „Name_Infoblatt".
2. Richten Sie das Dokument im Querformat ein.
3. Ändern Sie die Seitenränder: rechts 4 cm, links 4 cm.
4. Geben Sie dem Informationsblatt eine aussagekräftige Überschrift.
5. Formulieren Sie einen allgemeinen erläuternden Text zu Forderungsausfällen und Verjährungsfristen; beachten Sie die Situationsbeschreibung.
6. Fügen Sie eine Tabelle mit 2 Spalten und 4 Zeilen ein.

7. Die Tabellenzeilen erhalten eine Höhe von 1,5 cm.
8. Fügen Sie die Tabellenüberschriften „Möglichkeiten bei Vertragsabschluss“ und „Möglichkeiten bei Zahlungsverzug“, formatieren Sie diese in Schriftgröße 14 und fett.
9. Vervollständigen Sie die Tabelle mit geeigneten Maßnahmen.
10. Erstellen Sie für diese Maßnahmen eine Aufzählung mit dem Zeichen ☞.
11. Zentrieren Sie die Kopfzeile der Tabelle horizontal und vertikal, die restlichen Zeilen nur vertikal.
12. Die Rahmenlinien außen und die Linie unterhalb der Kopfzeile erhalten die Stärke von 1 $^1/_2$ Pt.
13. Entfernen Sie die anderen waagerechten Linien.

Aufgabe 5: Zahlungserinnerung verfassen

1. Öffnen Sie die Briefmaske der Müngsten GmbH und speichern Sie die Datei unter „Name_Zahlungserinnerung“.
2. Füllen Sie die Anschrift (siehe Anlage 4) und den Infoblock aus.
3. Formulieren Sie laut Situationsschreibung eine Zahlungserinnerung ohne „Androhungen“, übernehmen Sie weitere erforderliche Angaben aus der Excel-Aufgabe.
4. Beachten Sie, dass der Abteilungsleiter selbst unterschreibt.

Druck und Seitenlayout

Passen Sie das Tabellenblatt „Zahlungseingänge“ so an, dass es auf einer A4-Seite im Querformat ausgedruckt wird.

Drucken Sie die Excel-Dateien auch in der Formelansicht aus.

Drucken Sie das Informationsblatt und die Zahlungserinnerung aus.

Anlage 1

	A	B	C	D	E	F	G	H	I
1	**Zahlungseingänge (Kontrollliste)**								
2									
3	**Name**	**Kunden-nummer**	**Rechnungs-nummer**	**Betrag**	**Fälligkeits-datum**	**Überprüfungs-datum**	**Mahnstufe**	**Mahn-gebühren**	**Gesamt-betrag**
4	Meier	22008	53450	3.256,80 €	22.12.2016	17.03.2017			
5	Müller	22009	53476	1.375,90 €	25.11.2016	17.03.2017			
6	Sehr	22002	53501	2.325,10 €	17.12.2016	17.03.2017			
7	Pieper	22004	53545	7.232,40 €	13.02.2017	17.03.2017			
8	Schmidt	22007	53565	6.756,30 €	10.02.2017	17.03.2017			

Anlage 2

	A	B
1	Staffelung der Mahngebühren	
2	Mahnstufe	(in €)
3	1. Mahnung	5
4	2. Mahnung	10
5	3. Mahnung	15

Anlage 3

	A	B	C
1	**Umsatzzahlen 2016**		
2			
3	**Name**	**Umsatz**	**Forderungs-ausfall**
4	Meier	3.453,90 €	2.450,90 €
5	Müller	2.455,10 €	1.100,00 €
6	Sehr	7.890,25 €	2.540,00 €
7	Pieper	6.990,80 €	3.455,80 €
8	Summe	20.790,05 €	9.546,70 €

Anlage 4

Eisenwaren
Schmidt OHG
Postfach 34 56 45
41500 Dormagen

Geschäftsführer Walter Schmidt

Aufgabe 5 Die Lösung finden Sie auf

Allgemeine Hinweise:
Sie benötigen von der CD folgende Dateien:
Break-even-Analyse.xlsx
Briefvordruck Wohntal.docx
Interne Mitteilung.docx

Corporate-Design:

Tabellenkalkulation:
Schriftart Arial, Schriftgröße 10
Überschriften zentriert, Schriftgröße 14

Textverarbeitung:
Schriftart Arial, Schriftgröße 11

Achten Sie generell auf die Rechtschreibung, Zeichensetzung und übersichtliche Darstellung. Wenden Sie die **DIN 5008** an und berücksichtigen Sie das **Corporate-Design**. Formulieren Sie in ganzen Sätzen, nicht stichwortartig, berücksichtigen Sie einen modernen Korrespondenzstil. Schreiben Sie in die Kopfzeile jedes Dokumentes linksbündig Ihren Vor- und Zunamen.

Situation

Sie sind Mitarbeiterin bzw. Mitarbeiter in der Abteilung Verkauf Wohntal GmbH und haben Artvollmacht. Neben hochwertigen Büromöbeln stellt sie auch höhenverstellbare und drehbare Monitorständer her.

Kontaktdaten:
Börde-Park 1
33609 Bielefeld
Telefon: 0521 456491-0
Telefax: 0521 456491-11
Ihre Durchwahl: 546
Homepage: Wohntal.com
E-Mail: name@wohntal.de

Seit einiger Zeit hat das Unternehmen auch einen preiswerteren Standardschreibtisch Modell „Florenz“ im Programm, der jetzt in größeren Stückzahlen produziert werden soll. Ihr Abteilungsleiter Manfred Weiler bittet Sie, eine Break-even-Analyse zu erstellen. Er möchte wissen, ob bei der angestrebten monatlichen Stückzahl von 800 das Produkt Gewinn abwirft und wenn ja, wie hoch er ist.

Das Modell „Florenz“ soll möglichst preisgünstig produziert werden. Da Ihr Zulieferer Müller GmbH die Preise für die lichtgrauen Schreibtischfüße aus Stahl erhöht hat, führen Sie aufgrund von bereits vorliegenden Angeboten einen Angebotsvergleich durch. Sie bestellen danach die Schreibtischfüße bei dem preiswertesten Anbieter. Beachten Sie, dass Sie maximal 2000 Sets (je Set 4 Schreibtischfüße) im Lager aufnehmen können. Zurzeit sind noch 600 Sets auf Lager.

Übung

Aufgabe 1: Vorbereiten der Datei und Erfassen der Daten

1. Öffnen Sie die Datei „Break-even-Analyse“ (s. Anlage 1) mit dem Tabellenkalkulationsprogramm und speichern Sie dieses unter „Name_Break-even-Analyse“.
2. Geben Sie dem Tabellenblatt 1 den Namen „Break-even-Analyse“.

Aufgabe 2: Bearbeiten der Datei

1. Formatieren Sie die Überschrift im Schriftformat 14 pt, fett und zentrieren Sie die Überschrift über der Tabelle.
2. Formatieren Sie die Mengenbezeichnungen von Minimum 0 bis Maximum 1000.
3. Berechnen Sie die variablen Kosten, die Gesamtkosten, die Erlöse sowie den Gewinn bzw. Verlust.
4. Formatieren Sie alle Beträge mit zwei Nachkommastellen mit 1000-er-Trennzeichen sowie dem €-Symbol.
5. Formatieren Sie die Spaltenüberschriften mit einem grauen Hintergrund (15 %) und fett.
6. Versehen Sie die gesamte Tabelle mit Rahmenlinien.
7. Berechnen Sie mit einer geeigneten Formel den Break-even-Point unterhalb der Datentabelle.
8. Stellen Sie in einem Liniendiagramm den Break-even-Point grafisch dar indem Sie die Erlöse, die Gesamtkosten in Abhängigkeit der Produktionsmenge darstellen.
9. Platzieren Sie die Legende unterhalb des Diagramms und versehen Sie das Diagramm mit einer aussagefähigen Überschrift.
10. Kopieren Sie das Tabellenblatt „Break-even-Analyse" in ein neues Tabellenblatt und drucken Ihr Ergebnis in der Formelansicht aus.

Aufgabe 3: Angebotsvergleich durchführen

1. Übernehmen Sie die Anlage 2 in Ihr Tabellenkalkulationsprogramm mit allen Formatierungen. Benennen Sie dieses Tabellenblatt „Angebotsvergleich".
2. Bearbeiten Sie den Angebotsvergleich gemäß den vorliegenden Angaben:

   Lieferant 1: Müller GmbH, Listenpreis: 26,45 € je Set; Lieferantenrabatt: 7,5 %; Liefererskonto: 2 %; Bezugskosten: 0,20 € pro Set

   Lieferant 2: Innovation AG, Listenpreis: 28,30 € je Set; Lieferantenrabatt: 15,00 %; Liefererskonto: 3,00 %; Bezugskosten: 0,15 € pro Set

   Lieferant 3: Bracht OHG, Listenpreis: 27,10 € je Set; Lieferantenrabatt: 10,00 %; Liefererskonto: 2,00 %; Bezugskosten: keine
3. Führen Sie einen Angebotsvergleich durch.
4. Kopieren Sie das Tabellenblatt „Angebotsvergleich" in ein neues Tabellenblatt und drucken Sie Ihr Ergebnis in der Formelansicht aus.

Aufgabe 4: Bestellung schreiben

1. Öffnen Sie die Briefmaske der Wohntal GmbH und speichern Sie die Datei unter „Name_Bestellung".
2. Füllen Sie die Anschrift und den Infoblock aus.
3. Bestellen Sie den Vorrat für 6 Monate (Liefereranschriften siehe Anlage 3), beachten Sie, dass Sie sinnvolle Teilmengen abrufen.
4. Wiederholen Sie die Konditionen aus dem Angebot.

Aufgabe 5: Interne Mitteilung schreiben

1. Öffnen Sie die Datei „Interne Mitteilung“ und speichern Sie diese unter „Name_Interne Mitteilung“.
2. Füllen Sie den Kopf der Mitteilung aus.
3. Informieren Sie Manfred Weiler **umfassend** über Ihre Arbeitsergebnisse.
4. Fügen Sie Ihre Excelergebnisse als Anlage bei.

Druck und Seitenlayout

Passen Sie das Tabellenblatt „Break-even-Analyse“ und das Tabellenblatt „Angebotsvergleich“ so an, dass es jeweils auf einer A4-Seite im Querformat ausgedruckt wird.

Drucken Sie die Excel-Tabellen auch in der Formelansicht aus.

Drucken Sie die Bestellung und die interne Mitteilung aus.

Anlage 1

	A	B	C	D	E	F
1						
2						
3	Break-even-Analyse (Modell "Florenz")					
4						
5	Produktionsmenge März:		530	Gesamtkosten März:		36.240,00 €
6	Produktionsmenge April:		280	Gesamtkosten April:		27.675,00 €
7	Variable Stückkosten:		21,65 €	Fixe Kosten:		22.575,00 €
8	Verkaufserlös je Stück		57,35 €	Intervall	100	Stück
9						
10	Menge	Fixe Kosten	Var.Kosten	Ges. Kosten	Erlöse	Gew./Verl.
11	X	Kf	Kv	K	E	G

Anlage 2

	A	B	C	D	E	F	G	H	I
1									
2									
3									
4		Quantitative Analyse - Kalkulation des Bezugspreises je Set							
5		Müller GmbH			Innovation AG			Bracht OHG	
6			Euro			Euro			Euro
7	Listeneinkaufspreis		26,45			28,30			27,10
8	- Liefererrabatt	7,50%			15,00%			10,00%	
9	= Zieleinkaufspreis								
10	- Liefererskonto	2,00%			3,00%			2,00%	
11	= Bareinkaufspreis								
12	+ Bezugskosten	0,20 €			0,15 €			0,00 €	
13	= Bezugspreis								
14									

Anlage 3

Anschriften Lieferer:

Müller GmbH, Marktstraße 210, 49716 Meppen, Datum Angebot vor 4 Werktagen

Innovation AG, Industriestraße 520, 50678 Köln, Datum Angebot vor 2 Werktagen

Bracht OHG, Postfach 56 43 33, 60635 Frankfurt, Datum Angebot vor 3 Werktagen

Aufgabe 6 Die Lösung finden Sie auf

Allgemeine Hinweise:
Sie benötigen von der CD folgende Dateien:
Aufgabe 3: Interne Mitteilung
Aufgabe 4: Logo Wohntal GmbH

Corporate-Design:

Tabellenkalkulation:
Schriftart Arial, Schriftgröße 10
Überschriften zentriert, Schriftgröße 14

Textverarbeitung:
Schriftart Arial, Schriftgröße 11
Überschriften Schriftgröße 16 und zentriert

Achten Sie generell auf die Rechtschreibung, Zeichensetzung und übersichtliche Darstellung. Wenden Sie die **DIN 5008** an und berücksichtigen Sie das **Corporate-Design**. Formulieren Sie in ganzen Sätzen, nicht stichwortartig, wenden Sie einen modernen Korrespondenzstil an. Schreiben Sie in die Kopfzeile jedes Dokumentes linksbündig Ihren Vor- und Zunamen.

Situation

Sie sind Mitarbeiter/-in der Personalabteilung der Wohntal GmbH in Bielefeld und haben Artvollmacht. Die Wohntal GmbH stellt unter anderem hochwertige Büromöbel her und hat Vertriebsfilialen im norddeutschen Raum.

Kontaktdaten: Börde-Park 1
33604 Bielefeld
Telefon: 0521 456491-0
Telefax: 0521 456491-11
Homepage: Wohntal.com
E-Mail: name@wohntal.de

Seit einigen Jahren bietet die Wohntal GmbH ihren Mitarbeiterinnen und Mitarbeitern gesundheitsfördernde Kurse für Wirbelsäulengymnastik, Pilates, Stressbewältigung, ausgewogene Ernährung, Walking und Nordic Walking an. Für die nächste Abteilungsleiterbesprechung benötigt Sabine Gerdes, Leiterin der Personalleitung, die Zahlen der Kurse. Sie will auf der Besprechung über die Auslastung der Kurse informieren und gegebenenfalls Maßnahmen für eine bessere Auslastung ergreifen.

Sabine Gerdes wendet sich an Sie: „Bitte werten Sie die Teilnehmerzahlen der verschiedenen Kurse des Jahres 2017 aus und analysieren Sie die Veränderungen gegenüber 2016. Ich möchte die Daten grafisch aufbereitet erhalten. Ich habe den Eindruck, dass einige Kurse nicht ausgelastet waren. Die Krankschreibungen sind im letzten Jahr etwas zurückgegangen, deshalb sollen alle Kurse wieder im Jahr 2018 angeboten werden. Möglicherweise kann ein Bonussystem die Mitarbeiterinnen und Mitarbeiter zur Teilnahme motivieren. Machen Sie mir bitte dazu einen Vorschlag."

Übung

Aufgabe 1: Erstellen der Datei Auswertung

1. Öffnen Sie eine leere Excel-Mappe.
2. Geben Sie dem Tabellenblatt „Tabelle 1" den Namen „Auswertung" und speichern Sie die Datei unter „Gesundheitskurse_Auswertung".

3. Übernehmen Sie alle Angaben der Anlagen 1 und 2.
4. Ermitteln Sie alle fehlenden Werte der Tabelle. Beziehen Sie sich bei Ihren Berechnungen auf die Anlage 2 und nutzen Sie die SVerweis-Funktion.
5. Beachten Sie in der Spalte Auswertung folgende Bedingungen:
   - bei Rückgang der Teilnehmerzahlen oder Veränderungen der Teilnehmerzahlen kleiner als 2 % soll der Text „Kursauslastung prüfen",
   - bei Veränderung der Teilnehmerzahlen zwischen 2 % und 8 % soll der Text „Kursauslastung ok",
   - ansonsten soll der Text „Zusatzkurs prüfen"

   stehen.
6. Formulieren Sie eine aussagefähige Tabellenüberschrift.
7. Formatieren Sie die Tabellenüberschrift, berücksichtigen Sie das Corporate Design.

Aufgabe 2: Daten grafisch darstellen

1. Stellen Sie die tatsächlichen Teilnehmerzahlen in den Kursen beider Jahre grafisch dar.
2. Erstellen Sie ein 2-D Säulendiagramm (gruppierte Säulen) ohne Achsentitel der X und Y-Achsen.
3. Die Legende platzieren Sie rechts neben dem Diagramm.

Aufgabe 3: Arbeitsergebnisse weiterleiten

Informieren Sie die Abteilungsleiterin Sabine Gerdes schriftlich über Ihre Arbeitsergebnisse. Gehen Sie dabei auf die Kursauslastung, die Veränderungen hinsichtlich der Teilnehmerzahlen und auf die Auswertung ein. Schlagen Sie ihr außerdem zwei geeignete Maßnahmen für das Jahr 2018 vor, die die Gesundheit der Mitarbeiter und Mitarbeiterinnen am Arbeitsplatz weiter verbessern können. Fügen Sie die Excelauswertung mit der Grafik als Anlage bei.

Verwenden Sie den Vordruck „Interne Mitteilung" und speichern Sie die Datei unter „Arbeitsergebnisse".

Aufgabe 4: Bonussystem entwerfen

1. Öffnen Sie ein neues Word-Dokument und speichern Sie es unter „Bonussystem".
2. Übernehmen Sie alle Angaben der Anlage 3.
3. Fügen Sie das Logo der Wohntal GmbH oberhalb der Tabelle ein.
4. Geben Sie dem Schriftstück eine aussagekräftige Überschrift, skalieren Sie diese mit 180 %.
5. Formulieren Sie nach der Überschrift einen informativen einleitenden Text; die Anmeldungen sind an die Personalabteilung zu richten.
6. Geben Sie der Tabelle eine aussagekräftige Überschrift.
7. Alle Tabellenzeilen erhalten die Höhe von 1,2 cm.
8. Eine Zeile unterhalb von Name, Vorname und Abteilung fügen Sie je ein Kombinations-Inhaltssteuerelement ein.

9. Fügen Sie unterhalb der Spalte „regelmäßig teilgenommen“ je ein Kontrollkästchensteuerelement ein.
10. Formatieren Sie die Tabelle normgerecht.

Anlage 1 und 2

	A	B	C	D	E	F	G	H	I
2	**Anlage 1**								
3	**Gesundheitskurse**	**maximale Teilnehmerzahl pro Kurs**	**Anzahl der Kurse**	**maximale Teilnehmerzahl aller Kurse**	**tatsächliche Teilnehmer 2016**	**Kurs-auslastung**	**tatsächliche Teilnehmerzahl 2017**	**anteilige Veränderung 2016 zu 2017**	**Auswertung**
4	Wirbelsäulengymnastik	10					43		
5	Pilates	15					84		
6	Stressbewältigung	10					100		
7	ausgewogene Ernährung	10					110		
8	Walking und Nordic Walking	20					200		
9									
10									
11									
12	**Anlage 2**								
13									
14	**Gesundheitskurse**	**Anzahl der Kurse**	**tatsächliche Teilnehmerzahl 2016**						
15	Wirbelsäulengymnastik	8	71						
16	Pilates	10	55						
17	Stressbewältigung	18	124						
18	ausgewogene Ernährung	14	70						
19	Walking und Nordic Walking	13	188						
20									

Anlage 3

Name:	**Vorname:**	**Abteilung:**
Kurs	**regelmäßig teilgenommen**	**Unterschrift Kursleiter**
Wirbelsäulengymnastik		
Pilates		
Stressbewältigung		
ausgewogene Ernährung		
Walking und Nordic Walking		

Regelmäßige Teilnahme belohnen wir:

1 Kurs	1 Thermokaffeebecher
2 Kurse	1 Pulsuhr
3 Kurse	1 Gutschein für eine Rückenmassage
4 Kurse	1 Gutschein für eine Wellnessmassage
5 Kurse	3 Gutscheine für Rücken- oder Wellnessmassagen

Druck und Seitenlayout

Passen Sie das Tabellenblatt „Gesundheitskurse_Auswertung“ so an, dass es auf einer A4-Seite ausgedruckt wird.

Drucken Sie die beiden Worddateien „Arbeitsergebnisse“ und „Bonussystem“ aus.

Allgemeine Hinweise für die Bewertung der Übungsaufgaben zur Vorbereitung auf Teil 1 der gestreckten Abschlussprüfung Kaufmann/Kauffrau für Büromanagement

- Das Öffnen, Speichern und Drucken der Dateien ist obligatorisch und wird nicht bewertet.
- Es können bei den einzelnen Aufgaben auch Teilpunkte vergeben werden.
- Jede Abweichung vom Corporate-Design (z. B. Überschriften falsch formatiert oder Schriftart/-größe nicht geändert) und von der DIN 5008 ist mit je einem Punkt abzuziehen.
- Rechtschreib- und Zeichensetzungsfehler je ein Punkt Abzug.
- Grammatik- und Ausdrucksfehler: Hier gilt es den Gesamteindruck einzuschätzen, z. B.: „gewandte Formulierung 8 bis 10 Punkte“ bis zu „überwiegend unbrauchbar“ 1 bis 2 Punkte.

Eine mögliche Punkteverteilung und die Lösungen zu den Aufgaben finden Sie auf der .

Das **IHK-Punkteschema** ist anzuwenden:

Note 1:	92	bis	100	Punkte
Note 2:	81	bis	91	Punkte
Note 3:	67	bis	80	Punkte
Note 4:	50	bis	66	Punkte
Note 5:	30	bis	49	Punkte
Note 6:	0	bis	29	Punkte

Das **individuell ermittelte Ergebnis ist nur ein Anhaltspunkt** für eine Note, die man bei einer ähnlich gelagerten Prüfung erzielt hätte.

Lösungen der Prüfungsübungen

Teil A: TEXTVERARBEITUNG
Word, PowerPoint
2010/2013/2016

Teil B: TABELLENKALKULATION
Excel 2010/2013/2016

Teil C: PRÜFUNGSSIMULATION
Die Lösungen finden Sie auf der .

Teil A: Prüfungsübungen Word, PowerPoint 2010: Lösungen

Lösung Aufgabe 1: Präsentationsregeln und Feedbackbogen

Mögliches Ergebnis: Script

WOHNTAL GMBH

Präsentationsregeln

1 Aufbau und Struktur

1.1 Einleitung

Der richtige Einstieg in die Präsentation ist wichtig, um die Aufmerksamkeit und das Interesse bei den Teilnehmerinnen und Teilnehmern zu wecken. Die Begrüßung aller Anwesenden und die Vorstellung des Themas ist eine von vielen Möglichkeiten. Je nach Anlass gibt es vielfältige Möglichkeiten für einen wirkungsvollen Einstieg.

1.2 Hauptteil

Im Hauptteil wird das eigentliche Thema der Präsentation dargestellt. Eine Erfolg versprechende Struktur erfordert eine deutliche und nachvollziehbare Gliederung der Inhalte und einen logischen Aufbau. Die Kernbotschaft sowie der „rote Faden" müssen für den Teilnehmerkreis klar erkennbar sein.

1.3 Schluss

Der Schluss sollte eine kurze Zusammenfassung der Kerninhalte bieten. Die Teilnehmer/-innen sollen die Möglichkeit für Fragen erhalten. Es kann sich u. U. auch eine Diskussion anschließen. Die Präsentation schließt mit einem Dank an den Teilnehmerkreis sowie der Verabschiedung ab.

2 Möglichkeiten der Visualisierung

- Farben
- **Hervorhebungen**
- Grafiken, Bilder und ClipArts
- **Animationen**

3 Vortrag

3.1 Vorbereitung

Eine intensive Vorbereitung ist die Grundlage eines guten Vortrags. Als hilfreich erweist sich die Anfertigung eines Manuskripts mit Stichpunkten (z. B. auf Karteikarten) sowie eine präzise Planung.

3.2 Durchführung

Während des Vortrags ist es wichtig, den Blickkontakt zu den Zuhörern zu halten. Eine akzentuierte Sprechweise ist der monotonen Rede vorzuziehen. Weder sollte der Vortragende die Hände in die Hose stecken noch sollte er sich ständig bewegen. Das freie Sprechen (langsam und deutlich) ist dem Ablesen vom Manuskript vorzuziehen.

Erstellt von: Schülername **aktuelles Tagesdatum**

Lösung Aufgabe 1: Präsentationsregeln und Feedbackbogen

Mögliches Ergebnis: Feedbackbogen_blanko

Vorname Name
aktualisierbares Datum

zurück an[1]

Wohntal GmbH
Hauptstraße 7
33604 Bielefeld

Feedbackbogen

zur Präsentation Klicken Sie hier, um Text einzugeben.
am Klicken Sie hier, um ein Datum einzugeben.
von Klicken Sie hier, um ein Datum einzugeben.

Bewertungskriterien	**Bewertung in Schulnoten von 1 bis 6**
Inhalt der Präsentation 	
Sachliche Richtigkeit	1 □ 2 □ 3 □ 4 □ 5 □ 6 □
Beschränkung auf das Wesentliche	1 □ 2 □ 3 □ 4 □ 5 □ 6 □
Persönliche Darbietung durch den Moderator 	
Auftreten (Körpersprache)	1 □ 2 □ 3 □ 4 □ 5 □ 6 □
Sprache (Ausdruck, Sprechweise)	1 □ 2 □ 3 □ 4 □ 5 □ 6 □
Optische Darbietung 	
Lesbarkeit (Schriftfarbe/-größe)	1 □ 2 □ 3 □ 4 □ 5 □ 6 □
Übersichtlichkeit (logischer Aufbau, Informationsmenge pro Folie)	1 □ 2 □ 3 □ 4 □ 5 □ 6 □
Medienauswahl (Grafiken, Diagramme, Animationen)	1 □ 2 □ 3 □ 4 □ 5 □ 6 □
Hinweise, Ergänzungen, Verbesserungsvorschläge etc. 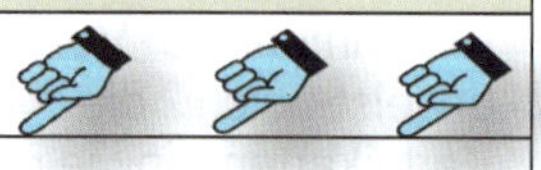	
Klicken Sie hier, um Text einzugeben.	
Klicken Sie hier, um Text einzugeben.	
Klicken Sie hier, um Text einzugeben.	

[1] Freiumschlag ist beigefügt

Lösung Aufgabe 1: Präsentationsregeln und Feedbackbogen

Mögliches Ergebnis: Feedbackbogen_ausgefüllt

Vorname Name
aktualisierbares Datum

zurück an[1]

Wohntal GmbH
Hauptstraße 7
33604 Bielefeld

Feedbackbogen zur Präsentation „Die Wohntal GmbH als Ausbilder" am TT.MM.JJJJ von Sven Jacobsen	
Bewertungskriterien	**Bewertung in Schulnoten von 1 bis 6**
Inhalt der Präsentation 	
Sachliche Richtigkeit	1 ☐ 2 ☐ 3 ☐ 4 ☐ 5 ☐ 6 ☐
Beschränkung auf das Wesentliche	1 ☐ 2 ☐ 3 ☐ 4 ☐ 5 ☐ 6 ☐
Persönliche Darbietung durch den Moderator 	
Auftreten (Körpersprache)	1 ☐ 2 ☐ 3 ☐ 4 ☐ 5 ☐ 6 ☐
Sprache (Ausdruck, Sprechweise)	1 ☐ 2 ☐ 3 ☐ 4 ☐ 5 ☐ 6 ☐
Optische Darbietung 	
Lesbarkeit (Schriftfarbe/-größe)	1 ☐ 2 ☐ 3 ☐ 4 ☐ 5 ☐ 6 ☐
Übersichtlichkeit (logischer Aufbau, Informationsmenge pro Folie)	1 ☐ 2 ☐ 3 ☐ 4 ☐ 5 ☐ 6 ☐
Medienauswahl (Grafiken, Diagramme, Animationen)	1 ☐ 2 ☐ 3 ☐ 4 ☐ 5 ☐ 6 ☐
Hinweise, Ergänzungen, Verbesserungsvorschläge etc. 	
Das Handout sollte für die Teilnehmerinnen und Teilnehmer vor der Präsentation bereits vorliegen.	
Bitte mehr Zeit für eine anschließende Diskussion vorsehen.	
Klicken Sie hier, um Text einzugeben.	

[1] **Freiumschlag ist beigefügt**

Lösung Aufgabe 2: Informationsbeschaffung im Internet

Mögliches Ergebnis: Flyer

Kriterien zur Überprüfung von Internetseiten (2)

- **Aktualität**
  - ✓ Sind die Artikel mit einem Datum gekennzeichnet?
  - ✓ Sind die Informationen aktuell?
  - ✓ Wurde die Seite in letzter Zeit aktualisiert?
- **Zweck und Hintergrund**
  - ✓ Wird deutlich, welche Absichten hinter der Seite stehen?
  - ✓ Sind die Absichten positiv zu bewerten?
  - ✓ Ist der Hintergrund (Werbung, Botschaft) unproblematisch?
- **Gesamteindruck**
  - ✓ Kann den Informationen auf dieser Seite vertraut werden?
  - ✓ Sind die Informationen für die Wohntal GmbH nützlich?
  - ✓ Kann die Seite (z. B. an Kunden oder Lieferanten) weiter empfohlen werden?

WOHNTAL GMBH

Richtig recherchieren im Internet

von Hans Kaufmann
Leiter Marketing

Grafik: Fotolia 60142540

Gestaltet von: Eigener Name **Stand: aktuelles Datum**

Warum ist richtiges Recherchieren so wichtig?

Unsere Entscheidungen beruhen auf Informationen. Wenn wir nicht wissen, dass unsere Mitarbeiterinnen und Mitarbeiter diese Informationen mit größter Sorgfalt ausgewählt haben, können wir keine guten Entscheidungen für unser Unternehmen treffen.

Unsere Kunden müssen sich darauf verlassen können, dass wir bei unserer Kundenberatung und der Auswahl unserer Produkte immer auf dem neuesten Stand sind.

Grafik: Fotolia 67304249

Kriterien zur Überprüfung von Internetseiten (1)

- **Autor und Herausgeber**
  - ✓ Gibt es ein Impressum und Kontaktmöglichkeiten?
  - ✓ Ist der Anbieter der Information vertrauenswürdig?
  - ✓ Ist er bekannt (z. B. durch die IHK, Veröffentlichungen etc.)?
- **Inhalt und Gestaltung**
  - ✓ Ist die Seite übersichtlich und organisiert aufgebaut?
  - ✓ Ist Werbung deutlich zu erkennen bzw. als solche gekennzeichnet?
  - ✓ Ist der Text fehlerfrei geschrieben?
  - ✓ Hat sich der Herausgeber Mühe gegeben?
- **Glaubwürdigkeit**
  - ✓ Stimmen die Informationen auf der Seite?
  - ✓ Gibt es Quellenangaben oder Verweise auf andere Seiten?
  - ✓ Gibt es Verweise von anderen Seiten auf diese?

Lösung Aufgabe 2: Informationsbeschaffung im Internet

Mögliches Ergebnis: Interne Mitteilung Azubis

WOHNTAL GMBH

Interne Mitteilung

an: alle Auszubildenden
von: Eigener Name/Abteilung Marketing
Thema: Richtig recherchieren im Internet
Datum: aktuelles Datum

Liebe Auszubildende der Wohntal GmbH,

Informationen aus dem Internet sind nicht immer seriös. Sie können großen Schaden anrichten, wenn sie von unserem Unternehmen unkontrolliert genutzt oder weitergegeben werden. Deshalb brauchen wir ein einheitliches Vorgehen zur Bewertung von Informationen aus dem Netz.

Dabei ist eine systematische Kontrolle jeder einzelnen Internetseite wichtig. Wir haben dieser Mitteilung einen Flyer „Richtig recherchieren im Internet“ beigefügt. Dieser Flyer wird Ihnen bei dieser Aufgabe behilflich sein.

Auf den Seiten 3 und 4 Ihres Flyers finden Sie eine Checkliste. Anhand der dort aufgelisteten Kriterien können Sie jede Internetseite gezielt überprüfen. Wir bitten Sie, diese Liste in Zukunft bei Ihren Recherchen regelmäßig zu nutzen.

Möchten Sie noch mehr über das Thema „Informationsbeschaffung im Internet“ wissen? Dann laden wir Sie herzlich zu einem gleichnamigen Seminar

im „Haus der Wissenschaften“
am 27. September 20XX

ein. Sie können sich telefonisch bei mir unter -555 anmelden.

Ich freue mich über Ihren Anruf.

Mit freundlichen Grüßen

i. A. *Eigener Name*

Anlage

Lösung Aufgabe 3: Mitarbeiterbefragung

Mögliches Ergebnis: Interne Mitteilung Betriebskindergarten

Interne Mitteilung

an:	Herrn Blau, Geschäftsführer Frau Kettel, Betriebsratsmitglied Frau Mallmanns, Gleichstellungsbeauftragte
von:	eigener Name
Thema:	Fragebogen zur Einführung eines Betriebskindergartens
Datum:	TT.MM.JJJJ

Sehr geehrte Damen und Herren,

im Namen von Herrn Tauber übersende ich Ihnen als Anlage den Entwurf des Fragebogens zur Einführung eines Betriebskindergartens.

Die Kosten für die Betreuung eines Kindes liegen bei ca. 400 € jährlich für Geschwisterkinder wird es eine Ermäßigung geben. Die Höhe des Betrages müssen wir noch ermitteln.

Wie Sie aus dem Fragebogen ersehen können, hat Herr Tauber als Zusatzangebot die Wahl zwischen Musikunterricht, Sporterziehung, Pflanzenkunde und Sprachunterricht vorgesehen. Welche Fremdsprache ausgewählt wird, kann erst nach Auswertung der Fragebögen benannt werden, da hier die Wünsche der Mitarbeiter/-innen einfließen sollen.

Ich bitte Sie um Durchsicht des Fragebogens und um Mitteilung Ihrer Ergänzungs- bzw. Änderungswünsche bis zur nächsten Monatssitzung am ***TT.MM.JJJJ***.

Herr Tauber freut sich auf Ihre Anregungen.

Mit freundlichen Grüßen

eigener Name

Anlage
Fragebogen Betriebskindergarten

Lösung Aufgabe 3: Mitarbeiterbefragung

Mögliches Ergebnis: Fragebogen Betriebskindergarten

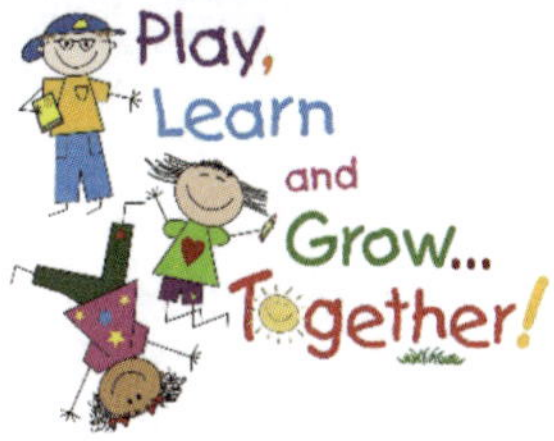

Fragebogen zum Betriebskindergarten

Mitarbeiter/-in: Klicken Sie hier, um Text einzugeben.

Abteilung: Wählen Sie ein Element aus.

Besteht Interesse an der Einrichtung eines Betriebskindergartens?	☐ ja	☐ nein
Anzahl der zu betreuenden Kinder	Klicken Sie hier, um Text einzugeben.	
Altersgruppe der zu betreuenden Kinder	☐ unter 3 Jahren	☐ bis 6 Jahre
Betreuungszeit	☐ 07:30 – 13:00 Uhr	☐ ganztags bis 17 Uhr
Verpflegungswunsch	☐ Frühstück ☐ Mittagessen	☐ Zwischenmahlzeiten ☐ Vegetarisches Essen
Zusatzangebot	☐ Sporterziehung ☐ Sprachunterricht ☐ Englisch ☐ Spanisch ☐	☐ Musikunterricht ☐ Pflanzenkunde
Besondere Anregungen/Wünsche	Klicken Sie hier, um Text einzugeben.	
Datum, Unterschrift	Klicken Sie hier, um Text einzugeben.	

Lösung Aufgabe 4: Arbeitsplatzgestaltung

Mögliches Ergebnis: Informationsblatt_Nachname

Blue Design GmbH

Information zu alternativen Büroformen	
Großraumbüro	
Vorteile	**Nachteile**
☺ Der Raum wird effizient ausgenutzt. ☺ Der Kommunikationsaustausch zwischen den Mitarbeitern und Mitarbeiterinnen ist schneller und intensiver als in Einzelbüros. ☺ …	☹ Durch den erhöhten Lärmpegel fühlen sich die Mitarbeiterinnen und Mitarbeiter gestört. ☹ Es gibt wenig Möglichkeiten zu diskreten Gesprächen. ☹ …
Einzelbüro	
Vorteile	**Nachteile**
☺ Es ist möglich, vertrauliche und diskrete Gespräche zu führen. ☺ Konzentriertes Arbeiten ist ohne Störungen möglich. ☺ …	☹ Der Informationsfluss zu anderen Mitarbeitern ist gering. ☹ der Platzbedarf ist hoch. ☹ …

Lösung Aufgabe 4: Arbeitsplatzgestaltung

Mögliches Ergebnis: Datenquelle

Nachname	Vorname	Geschlecht	Funktion
Marx	Marie-Sophie	w	Leiterin Corporate Design
Hausmann	Jan	m	Leiter Printmedien
Kuhlert	Mark	m	Leiter Digitale Medien/Internet
Peters	Paul	m	Leiter Events/Messen
Tauber	Ron	m	Betriebsrat
Kettel	Leila	w	Betriebsrätin

Name
aktuelles Datum
Interne Mitteilung_Datenquelle_Nachname.docx

Lösung Aufgabe 4: Arbeitsplatzgestaltung

Mögliches Ergebnis: Interne Mitteilung_Hauptdokument als Serienbrief mit Feldfunktionen

an:	**{** MERGEFIELD Vorname **}** **{** MERGEFIELD Nachname **}** (**{** MERGEFIELD "Funktion" **}**)
von:	***Vorname Name***/Assistent/-in der Geschäftsführung
Thema:	Einladung zur Tagesveranstaltung „Gestaltung des neuen Bürogebäudes“
Datum:	***heutige Datum***

Sehr **{** IF **{** MERGEFIELD Geschlecht **}** = "w" "geehrte Frau" "geehrter Herr" **}** **{** MERGEFIELD Nachname **}**,

Herr Blau ist froh, Ihnen mitteilen zu können, dass er ein passendes Bürogebäude für unser ständig wachsendes Unternehmen hat finden können.

Die neuen Räumlichkeiten befinden sich in einem Neubau, dessen Innenausbau Herr Blau mit Ihnen als Führungskräfte und Vertreter/-innen der Mitarbeiterschaft gemeinsam gestalten möchte. Dazu ist die Entscheidung zu treffen, ob wir demnächst in Großraumbüros oder Einzelbüros arbeiten wollen. Diese Entscheidung soll gemeinsam getroffen werden.

Aus diesem Anlass lädt Sie Herr Blau

am TT.MM.JJJJ von 10:00 bis 18:00 Uhr

zu einer Tagesveranstaltung im Hotel „Akandor“ ein.

Die Veranstaltung beginnt mit einem Arbeitsfrühstück. Danach werden wir die neuen Räumlichkeiten begehen. Dies empfiehlt sich, da das neue Bürogebäude nur 100 Meter entfernt liegt. Anschließend kehren wir zum Hotel „Akandor“ zurück und diskutieren und entscheiden, durch welche Büroformen wir unsere Arbeitsabläufe am besten unterstützen können.

Damit Sie sich auf unsere Tagung angemessen vorbereiten können, habe ich Ihnen ein Informationsblatt zu unserer anstehenden Fragestellung beigelegt.

Ich bin überzeugt, dass wir gemeinsam eine für unser Unternehmen passende Raumordnung finden werden.

Herzliche Grüße

eigener Name

Anlage

Lösung Aufgabe 4: Arbeitsplatzgestaltung

Mögliches Ergebnis: Einladung an Herrn Kuhlert

an:	Mark Kuhlert (Leiter Digitale Medien/Internet)
von:	***Vorname Name***/Assistent/-in der Geschäftsführung
Thema:	Einladung zur Tagesveranstaltung „Gestaltung des neuen Bürogebäudes“
Datum:	***heutige Datum***

Sehr geehrter Herr Kuhlert,

Herr Blau ist froh, dass er ein passendes Bürogebäude für unser ständig wachsendes Unternehmen gefunden hat.

Die neuen Räumlichkeiten befinden sich in einem Neubau, dessen Innenausbau Herr Blau mit Ihnen als Führungskräfte und Vertreter/-innen der Mitarbeiterschaft gemeinsam gestalten möchte. Dazu ist die Entscheidung zu treffen, ob wir demnächst in Großraumbüros oder Einzelbüros arbeiten wollen. Diese Entscheidung soll gemeinsam getroffen werden.

Aus diesem Anlass lädt Sie Herr Blau

am TT.MM.JJJJ von 10:00 bis 18:00 Uhr

zu einer Tagesveranstaltung im Hotel „Akandor“, Goethestraße 1 in 68161 Mannheim, ein.

Die Veranstaltung beginnt mit einem Arbeitsfrühstück. Danach werden wir die neuen Räume im 100 Meter entfernten Gebäude besichtigen. Anschließend kehren wir zum Hotel „Akandor“ zurück und diskutieren und entscheiden, welche Büroformen unsere Arbeitsabläufe am besten unterstützen.

Damit Sie sich auf unsere Tagung angemessen vorbereiten können, habe ich Ihnen ein Informationsblatt zu unserer anstehenden Fragestellung beigelegt.

Ich bin überzeugt, dass wir gemeinsam eine für unser Unternehmen passende Raumordnung finden werden.

Herzliche Grüße

eigener Name

Anlage

Lösung Aufgabe 5: Entwicklung eines Ordnungssystems

Mögliches Ergebnis: Abgabenordnung_Nachname

Vorname Nachname

Abgabenordnung[1]

§ 147 Ordnungsvorschriften für die Aufbewahrung von Unterlagen

(1) Die folgenden Unterlagen sind geordnet aufzubewahren:

1. Bücher und Aufzeichnungen, Inventare, Jahresabschlüsse, Lageberichte, die Eröffnungsbilanz sowie die zu ihrem Verständnis erforderlichen Arbeitsanweisungen und sonstigen Organisationsunterlagen,
2. die empfangenen Handels- oder Geschäftsbriefe,
3. Wiedergaben der abgesandten Handels- oder Geschäftsbriefe,
4. Buchungsbelege,

4 a) Unterlagen, die einer mit Mitteln der Datenverarbeitung abgegebenen Zollanmeldung nach Artikel 77 Abs. 1 in Verbindung mit Artikel 62 Abs. 2 Zollkodex beizufügen sind, sofern die Zollbehörden nach Artikel 77 Abs. 2 Satz 1 Zollkodex auf ihre Vorlage verzichtet oder sie nach erfolgter Vorlage zurückgegeben haben,

5. sonstige Unterlagen, soweit sie für die Besteuerung von Bedeutung sind.

(2) Mit Ausnahme der Jahresabschlüsse, der Eröffnungsbilanz und der Unterlagen nach Absatz 1 Nr. 4 a können die in Absatz 1 aufgeführten Unterlagen auch als Wiedergabe auf einem Bildträger oder auf anderen Datenträgern aufbewahrt werden, wenn dies den Grundsätzen ordnungsmäßiger Buchführung entspricht und sichergestellt ist, dass die Wiedergabe oder die Daten

1. mit den empfangenen Handels- oder Geschäftsbriefen und den Buchungsbelegen bildlich und mit den anderen Unterlagen inhaltlich übereinstimmen, wenn sie lesbar gemacht werden,
2. während der Dauer der Aufbewahrungsfrist jederzeit verfügbar sind, unverzüglich lesbar gemacht und maschinell ausgewertet werden können.

(3) Die in Absatz 1 Nr. 1, 4 und 4 a aufgeführten Unterlagen sind zehn Jahre, die sonstigen in Absatz 1 aufgeführten Unterlagen sechs Jahre aufzubewahren, sofern nicht in anderen Steuergesetzen kürzere Aufbewahrungsfristen zugelassen sind. Kürzere Aufbewahrungsfristen nach außersteuerlichen Gesetzen lassen die in Satz 1 bestimmte Frist unberührt. Die Aufbewahrungsfrist läuft jedoch nicht ab, soweit und solange die Unterlagen für Steuern von Bedeutung sind, für welche die Festsetzungsfrist noch nicht abgelaufen ist; § 169 Abs. 2 Satz 2 gilt nicht.

(4) Die Aufbewahrungsfrist beginnt mit dem Schluss des Kalenderjahrs, in dem die letzte Eintragung in das Buch gemacht, das Inventar, die Eröffnungsbilanz, der Jahresabschluss oder der Lagebericht aufgestellt, der Handels- oder Geschäftsbrief empfangen oder abgesandt worden oder der Buchungsbeleg entstanden ist, ferner die Aufzeichnung vorgenommen worden ist oder die sonstigen Unterlagen entstanden sind.

---

[1] In der Fassung der Bekanntmachung vom 01.10.2002 (BGBl. I S. 3866, ber. 2003 I S. 61); zuletzt geändert durch Gesetz vom 22.12.2014 (BGBl. I S. 2417) m. W. v. 31.12.2014; *Stand: 01.01.2015 aufgrund Gesetzes vom 22.12.2014 (BGBl. I S. 2415).*

Lösung Aufgabe 5: Entwicklung eines Ordnungssystems

Mögliches Ergebnis: E-Mail_Nachname

An:	j.berg@bluedesign.de
Cc:	k.breitenbacher@bluedesign.de
Bcc:	c.reichert@bluedesign.de
Betreff:	Vorschlag für ein Ordnungssystem in der Blue Design GmbH
Anhang:	Abgabenordnung_Nachname.docx

Sehr geehrter Herr Berg,

gerne stelle ich Ihnen ein effizientes Abgabesystem für unser Unternehmen vor.

Dabei stelle ich drei Aspekte in den Vordergrund:

1. Aufbewahrung von Schriftstücken

Es gibt gesetzliche Bestimmungen (z. B. § 147 AO, vgl. Anhang), die Kaufleute dazu verpflichten, Buchungsunterlagen 10 Jahre und Handelsbriefe 6 Jahre aufzubewahren. Darüber hinaus existieren auch betriebswirtschaftliche Gründe, Schriftgut nicht zu schnell zu entsorgen. Findet beispielsweise ein Verkaufsgespräch eines Mitarbeiters „Printmedien" mit einem Kunden statt, sollte dieses dokumentiert werden. So kann zu einem späteren Zeitpunkt und/oder von anderen Mitarbeitern immer wieder nachvollzogen werden, was Gegenstand dieses Verkaufsgesprächs war.

2. Einheitliche Wertstufen zur Aufbewahrung von Schriftgut

Um ein einheitliches Vorgehen bei der Aufbewahrung von Schriftgut zu erreichen, sollten für alle Abteilungen Wertstufen festgelegt werden. So wird wichtiges von unwichtigem getrennt.
Dokumente mit

a) Tageswert erhalten einmalige Informationen. Nach Kenntnisnahme wird das Schriftstück vernichtet.
b) Prüfwert beziehen sich auf aktuelle Vorgänge. Nach ihrer Bearbeitung muss der Bearbeitende entscheiden, ob die Schriftstücke zu vernichten oder abzulegen sind.
c) Gesetzeswert dienen als Nachweis für den Geschäftsverkehr und sind nach Abgabenordnung (vgl. Anhang) entweder 6 oder 10 Jahre aufzubewahren.
d) Dauerwert besitzen eine besonderer Bedeutung für das Unternehmen. Es handelt sich z. B. um Urkunden oder Patente. Sie sind auf Dauer aufzubewahren.

3. Gründe für eine papierlose bzw. eine Papierregistratur

Es ist zwischen zwei grundsätzlichen Ablageformen zu unterscheiden. Die papierlose Registratur, z. B. in Form einer Cloud, ist weltweit abrufbar und verringert die Kosten für die Archivierung. Dagegen ist eine Papierablage unter datenschutzrechtlichen Aspekten vorzuziehen.

Haben Sie Fragen zu meinen Vorschlägen? Dann rufen Sie mich an.

Mit freundlichen Grüßen

Blue Design GmbH

Vorname Name

E-Mail: info@bluedesign.de
Internet: bluedesign.de
Telefon: 0621 200103-0

Vorname Nachname — Pfad + E-Mail_Nachname

Lösung Aufgabe 6: Auftragsbestätigung/Datenschutz

Mögliches Ergebnis Teil 1: Datenschutzformular Altmann

Absender: Frank Altmann, Sorpener Straße 47,40213 Düsseldorf

Bürobedarf Müngsten GmbH
eigener Name als Ansprechpartner/-in
Aggerstraße 7
40474 Düsseldorf

Datenschutzbestimmungen

Folgende Daten werden von der Bürobedarf Müngsten GmbH im Zusammenhang mit der Auftragsabwicklung gespeichert:

Kundennummer	12101
Geschlecht	männlich
Vorname	Frank
Nachname	Altmann
Straße	Sorpener Straße 47
Postleitzahl	40213
Ort	Düsseldorf
Geburtsdatum ***(kein Pflichtfeld)***	
Bestellte/-r Artikel (Art.-Nr.)	30-1456-A
Menge	100 Pakete
Datum der Bestellung	TT.MM.JJJJ
Gesamtbetrag netto (in €) der Bestellung	799,00 €

Zustimmungserklärung

❑ Ich stimme der oben aufgelisteten Datenspeicherung zu.

❑ Ich nehme zur Kenntnis, dass ich jederzeit das Recht auf Korrektur, Ergänzung/Änderung bzw. Löschung der Daten habe.

Ort, Datum Unterschrift

Lösung Aufgabe 6: Auftragsbestätigung/Datenschutz

Mögliches Ergebnis Teil 2: Auftragsbestätigung Altmann

Bürobedarf Müngsten GmbH

Müngsten GmbH ♦ Aggerstraße 7 ♦ 40474 Düsseldorf

Herrn
Frank Altmann
Sorpener Straße 47
40213 Düsseldorf

Ihr Zeichen:
Ihre Nachricht vom: *(Datum des Auftrags)*
Unser Zeichen: *eigenes Zeichen*
Unsere Nachricht vom:

Name: *eigener Name*
Telefon: 0211 7654-333
Telefax: 0211 7654-40
E-Mail: *Name*@buero-muengsten.de

Datum: TT.MM.JJJJ

Auftragsbestätigung

Sehr geehrter Herr Altmann,

wir freuen uns über Ihren Auftrag, den wir Ihnen gern wie folgt bestätigen:

100 Pakete Druckerpapier A4 à 250 Blatt pro Paket
Premium Deluxe für Laser, Inkjet Printers und Kopierer
80 g/m²
coloriert (Farbe: Sand)
Artikel-Nr. 30-1456-A
Preis: 7,99 € pro Paket zuzüglich der gesetzlichen MwSt.
Lieferzeit: innerhalb von 8 Tagen

Es gelten unsere Allgemeinen Lieferungs- und Zahlungsbedingungen, die Sie bitte der beigefügten Anlage entnehmen.

Des Weiteren fügen wir als Anlage ein Formular zum Datenschutz bei. Dem können Sie entnehmen, welche Daten wir im Zusammenhang mit der Auftragsabwicklung von Ihnen speichern. Bitte überprüfen Sie die Angaben und erteilen Sie mit Ihrer Unterschrift Ihre Zustimmung zu unseren Datenschutzbestimmungen. Senden Sie uns bitte das Formular mit dem - ebenfalls beigefügten – frankierten Umschlag zurück.

Wir bedanken uns nochmals für den erteilten Auftrag und sichern Ihnen eine sorgfältige und termingerechte Ausführung Ihres Auftrages zu.

Mit freundlichen Grüßen

Bürobedarf Müngsten GmbH

i. A. eigener Name

Anlagen

HRB 2244 Amtsgericht Düsseldorf
USt-IdNr. DE 147 000 234

Geschäftsführer
Dr. Robert Müngsten

Tel.: 0211 7654-0 Zentrale
Internet-Adresse:
www.buero-muengsten.de

Volksbank Düsseldorf-Neuss e. G.
IBAN DE47 3016 0213 2407 7254 28
BIC GENODED1DNE

Lösung Aufgabe 7: Gestaltung eines neuen Rechnungsformulars

Mögliches Ergebnis Teil 1: Verlaufsprotokoll

Bürobedarf Müngsten GmbH

Gesprächsprotokoll

Thema:	Neues Rechnungsformular
Ort:	Besprechungszimmer 1
Datum:	(vor 2 Tagen)
Zeit:	14:30 bis 17:15 Uhr
Teilnehmer/-innen:	Dr. Robert Müngsten/Geschäftsführer Tim Unger/Leiter der EDV-Abteilung Alice Bromkamp/Prokuristin der Buchhaltungsabteilung eigener Name/Protokollführer/-in

Herr Dr. Müngsten begrüßt die Anwesenden. Er hat im vorigen Monat angeregt, ein neues Rechnungsformular zu erstellen. Aus diesem Grunde hat er Herrn Tim Unger (zur rationellen Bearbeitung) und Frau Alice Bromkamp (zum inhaltlichen Aufbau) gebeten, Vorschläge auszuarbeiten.

Herr Unger schlägt vor, den Geschäftsbriefvordruck der Müngsten GmbH umzuarbeiten und den reinen Rechenbereich mit Excel zu erstellen. Der Vorteil liege in der einfachen und rationellen Bearbeitungsmöglichkeit.

Des Weiteren teilt Herr Unger mit, dass durch diese Verknüpfung auch das Abrufen von Kunden- und Artikeldaten möglich sei.

Herr Dr. Müngsten fragt nach, ob die Umstellung auf Excel für die zuständigen Sachbearbeiter/-innen problemlos möglich oder ob eine längere Einarbeitung notwendig sei.

Herr Unger schlägt vor, dass eine Schulung durch die EDV-Abteilung erfolgen könne. Er bittet Frau Bromkamp um eine Auflistung der lt. Gesetzgeber vorgeschriebenen inhaltlichen Angaben für das neue Rechnungsformular.

Frau Bromkamp erklärt, dass sie bereits eine Liste erstellt habe und diese Herrn Unger für die Formularerstellung zur Verfügung stelle.

Herr Dr. Müngsten bittet Herrn Unger, ein entsprechendes Formular in der EDV-Abteilung entwickeln zu lassen. Eine erneute Zusammenkunft solle in 1 Woche am ***(Datum einsetzen)*** stattfinden.

Düsseldorf, Tagesdatum

Dr. R. Müngsten/Geschäftsführer

eigener Name/Protokollführer/-in

Lösung Aufgabe 7: Gestaltung eines neuen Rechnungsformulars

Mögliches Ergebnis Teil 2: Rechenbereich für Rechnungsformular (Normalansicht)

	A	B	C	D	E	F
1	**Position**	**Menge**	**Artikelbezeichnung**	**Artikelnummer**	**Einzelpreis in Euro**	**Gesamtpreis in Euro**
2	1					0,00
3	2					0,00
4	3					0,00
5	4					0,00
6	5					0,00
7	6					0,00
8					**Summe**	0,00
9					**+ 19 % Umsatzsteuer**	0,00
10					**Gesamtpreis**	0,00
11						
12	**Zahlungsbedingungen:**		**innerhalb von 30 Tagen netto**			
13			**innerhalb von 8 Tagen 3 % Skonto**			
14						

Mögliches Ergebnis Teil 2: Rechenbereich für Rechnungsformular (Formelansicht)

	A	B	C	D	E	F
1	**Position**	**Menge**	**Artikelbezeichnung**	**Artikelnummer**	**Einzelpreis in Euro**	**Gesamtpreis in Euro**
2	1					=B2*E2
3	2					=B3*E3
4	3					=B4*E4
5	4					=B5*E5
6	5					=B6*E6
7	6					=B7*E7
8					**Summe**	=SUMME(F2:F8)
9					**+ 19 % Umsatzsteuer**	=F8*19%
10					**Gesamtpreis**	=F8+F9
11						
12						
13						
14						

Lösung Aufgabe 7: Gestaltung eines neuen Rechnungsformulars

Mögliches Ergebnis Teil 3: Rechnungsformular

Bürobedarf Müngsten GmbH

Müngsten GmbH ♦ Aggerstraße 7 ♦ 40474 Düsseldorf

Kundennummer: Klicken Sie hier, um Text einzugeben.
Lieferung vom: Klicken Sie hier, um Text einzugeben.

Klicken Sie hier, um Text einzugeben.
Klicken Sie hier, um Text einzugeben.
Klicken Sie hier, um Text einzugeben.
Klicken Sie hier, um Text einzugeben.

Unser Zeichen: eigenes Zeichen

Name: eigener Name
Telefon: 02177 7654-0
Telefax: 02177 7654-40
E-Mail: info@buero-muengsten.de

Datum: Rechnungsdatum

Rechnungs-Nr. Klicken Sie hier, um Text einzugeben.

Position	Menge	Artikelbezeichnung	Artikelnummer	Einzelpreis in Euro	Gesamtpreis in Euro
1					0,00
2					0,00
3					0,00
4					0,00
5					0,00
6					0,00
				Summe	0,00
				+ 19 % Umsatzsteuer	0,00
				Gesamtpreis	0,00

Zahlungsbedingungen: **innerhalb von 30 Tagen netto**
innerhalb von 8 Tagen 3 % Skonto

HRB 2244 Amtsgericht Düsseldorf
USt-IdNr. DE 147 000 234

Geschäftsführer
Dr. Robert Müngsten

Tel.: 02177 7654-0 Zentrale
Internet-Adresse:
www.buero-muengsten.de

Volksbank Düsseldorf-Neuss e. G.
IBAN DE47 3016 0213 2407 7254 28
BIC GENODED1DNE

Lösung Aufgabe 8: Rationalisierung der Postbearbeitung

Mögliches Ergebnis Teil 1: Leitfaden

Bürobedarf Müngsten GmbH

LEITFADEN POSTBEARBEITUNG

Schriftstücke scannen, kopieren, drucken

Posteingang		
Schriftstücke	**vervielfältigen/weiterleiten**	**Bemerkungen**
Angebote	einscannen	Original an Einkauf, PDF-Datei
Bestellungen	einscannen	Original an Verkauf, PDF-Datei Abteilungsleiter
Briefe	einscannen	Original an 1. Bearbeiter, PDF-Datei an 2. Bearbeiter
Lieferscheine	einscannen	Original an Einkauf, PDF-Datei Lager
Rechnungen	einscannen	Original an Buchhaltung, PDF-Datei an Einkauf

Postausgang		
Schriftstücke	**vervielfältigen**	**Bemerkungen**
Angebote	nach Unterschrift kopieren	Original an Empfänger, Kopie Zwischenablage
Bestellungen	nach Unterschrift kopieren	Original an Empfänger, Kopie Zwischenablage Verkauf
Briefe	nach Unterschrift kopieren	Original an Empfänger, Kopie Ablage/Zwischenablage
Lieferschein	2-mal ausdrucken	Original an Empfänger, Kopie Zwischenablage Verkauf
Rechnungen	3-mal ausdrucken	Original und eine Kopie an Kunde, 3. Kopie Buchhaltung

Name Leitfaden_Nachname.docx Datum

Lösung Aufgabe 8: Rationalisierung der Postbearbeitung

Mögliches Ergebnis Teil 2: Rundschreiben

An:	Mitarbeiter; Abteilungsleitung
Cc:	r.muengsten@buero-muengsten.de
Bcc:	
Betreff:	Rundschreiben Nr. 7
Anhang:	Leitfaden.docx

Liebe Mitarbeiterinnen und Mitarbeiter,
liebe Abteilungsleiterinnen und Abteilungsleiter,

auf ihrer Sitzung am 12.04.20.. haben die Abteilungsleiter/-innen festgestellt, dass die Bearbeitung der Post dringend verbessert werden muss.

So behandeln alle Mitarbeiterinnen und Mitarbeiter die ein- und ausgehenden Schriftstücke unterschiedlich. Eingehende Schriftstücke, z. B. Rechnungen, stehen oft nicht mehreren Abteilungen bzw. Mitarbeiterinnen/Mitarbeitern zur Verfügung. In letzter Zeit hatte das Unternehmen wegen der schleppenden internen Weiterleitung von Rechnungen größere Verluste, weil das Skonto nicht ausgenutzt werden konnte. Ausgehende Schriftstücke wurden häufig mehrere Male ausgedruckt und zusätzlich nach Unterschrift noch einmal kopiert, was nicht erforderlich ist.

Zur Rationalisierung dieses Vorgangs sollen alle Schriftstücke in einem ersten Schritt erfasst werden. Bitte dokumentieren Sie die zurzeit gültige Vorgehensweise in Ihrer Abteilung mithilfe des angehängten Leitfadens

bis zum 26.04.20..

Die Abteilungsleiter/-innen werden auf ihrer nächsten Sitzung ein vereinheitlichtes und sinnvolles Konzept zur Postbearbeitung erstellen. Über das Ergebnis werden Sie zeitnah informiert. Diese Maßnahme gilt ab dem 1. Mai 20..

Bei Fragen rufen Sie mich bitte unter -553 an.

Herzliche Grüße

Bürobedarf Müngsten GmbH

Vor- und Zuname

E-Mail: name@buero-muengsten.de
Internet: www.buero-muengsten.de
Telefon: +49 0211 7654-0
Telefax: +49 0211 7654-40

Bürobedarf Müngsten GmbH
Aggerstraße 7
40474 Düsseldorf

Lösung Aufgabe 9: Angebotsvergleich

Mögliches Ergebnis Teil 1: Angebotsvergleich E-Bikes

Angebotsvergleich für 10 E-Bikes				
Lieferanten / Kalkulationsschema	BikeTec GmbH		Bikefactory GmbH	
	Prozent	Angaben aus dem Angebot	Prozent	Angaben aus dem Angebot
Bestellmenge		10 Stück		10 Stück
Listeneinkaufspreis (pro Stück)		1.450,00 €		1.500,00 €
Listeneinkaufspreis (gesamt)		14.500,00 €		15.000,00 €
- Rabatt	10 %	1.450,00 €	20 %	3.000,00 €
= Zieleinkaufspreis		13.050,00 €		12.000,00 €
- Skonto	2 %	261,00 €	3 %	360,00 €
= Barverkaufspreis		12.789,00 €		11.640,00 €
+ Bezugskosten		0,00 €		350,00 €
= Bezugsgesamtpreis		12.789,00 €		11.990,00 €
= Bezugseinzelpreis		1.278,90 €		1.199,00 €
Entscheidung nach Preisvergleich (bitte ankreuzen!)			x	

Lösung Aufgabe 9: Angebotsvergleich

Mögliches Ergebnis Teil 2: Reif-Bestellung E-Bike

Der Radmarkt

Reif KG
Rund ums Rad

Reif KG, Schlossgraben 30, 45657 Recklinghausen

Bikefactory GmbH
Frau Jana Erdinger
Ostwallring 65
44328 Dortmund

Ihr Zeichen: je
Ihre Nachricht vom: 03.05.20..
Unser Zeichen: khö-eigenes Kürzel
Unsere Nachricht vom: 02.05.20..

Name: Katharina Höger
Telefon: 02361 2409-87
Telefax: 02361 2410
E-Mail: hoeger@reif.com

Datum: 03.05.20..

Bestellung

Sehr geehrte Frau Erdinger,

wir bedanken uns für Ihr Angebot. Wir bestellen

10 E-Bikes „Move On 47S“ mit der Artikelnummer 14075
zum Preis von 1.500,00 EUR/Stück.

Liefern Sie bitte fünf E-Bikes in der Farbe Rot-Silber und fünf weitere in Kaiserblau.

Wir erhalten bei der Abnahme von 10 E-Bikes 20 % Rabatt. Bei Zahlung innerhalb von 2 Wochen können wir 3 % Skonto abziehen. Die Versandpauschale beträgt 350,00 EUR. Sie liefern die Ware innerhalb von 3 Tagen nach Erhalt unserer Bestellung.

Ihr Sortiment interessiert uns sehr. Senden Sie uns deshalb bitte den neuen Katalog zu.

Bitte liefern Sie die Artikel fristgemäß.

Mit freundlichen Grüßen

Reif KG

i. V. Katharina Höger

Handelsregister: HRA 1222
USt.-IdNr.: DE14627991
Erfüllungsort und Gerichtsstand: Recklinghausen

Internet-Adresse:
www.reif.com

Bankverbindung
Sparkasse Vest Kto. 170642
IBAN 45 4265 0100 0000 1706 42
BIC WELADED1REK

Lösung Aufgabe 10: Rechte des Verbrauchers bei Reklamationen

Mögliches Ergebnis: Informationsblatt

Vor- und Zuname

Informationsblatt für Auszubildende im Verkauf der Reif KG

Rechte des Verbrauchers bei mangelhafter Lieferung[1]

vorrangige Rechte des Verbrauchers
(grundsätzlich ohne Fristsetzung)

Nacherfüllung
Verbraucher hat – unter Berücksichtigung von Unzumutbarkeit bzw. Unmöglichkeit – freie Wahl zwischen kostenloser

Nachbesserung | **Neulieferung**

und ggf. **Schadensersatz* neben der Leistung**

Umkehr der Beweislast: Zeigt sich beim Verbrauchsgüterkauf innerhalb von sechs Monaten seit Gefahrenübergang ein Sachmangel, so wird vermutet, dass die Sache bereits bei Gefahrenübergang mangelhaft war.

Übergang zu nachrangigen Rechten nur

- nach erfolglosem Ablauf einer angemessenen Nacherfüllungsfrist oder
- bei erfolgloser Nacherfüllung (fehlgeschlagen, verweigert oder unzumutbar) oder
- bei Fix- und Zweckkauf

nachrangige Rechte des Verbrauchers

nur bei erheblichen Mängeln (vgl. 1 bis 3)					**auch bei unerheblichen Mängeln (vgl. 4)**
1. Rücktritt vom Kaufvertrag	und ggf.	**2. Schadensersatz* statt** der Leistung	oder	**3. Ersatz vergeblicher** Aufwendungen	**4. Minderung** des Kaufpreises und ggf. **Schadensersatz* neben** der Leistung

* Voraussetzung: nachweisbarer Schaden und Verschulden des Verkäufers

[1] Grafik mit kleinen Änderungen übernommen aus: Bartnik, D. u. a. (2014), Büro 2.1. Kaufmann/Kauffrau für Büromanagement. Informationsband. 1. Ausbildungsjahr, Verlag Europa-Lehrmittel, Haan-Gruiten, S. 375.

Lösung Aufgabe 10: Rechte des Verbrauchers bei Reklamationen

Mögliches Ergebnis: Antwort auf Reklamation

Der Radmarkt

Reif KG
Rund ums Rad

Reif KG, Schlossgraben 30, 45657 Recklinghausen

Frau
Charleen Rothfels
Marktstraße 150
46045 Oberhausen

Ihr Zeichen:
Ihre Nachricht vom: 19.01.20..
Unser Zeichen: *eigenes Zeichen*
Unsere Nachricht vom:

Name: *eigener Name*
Telefon: 02361 2409-43
Telefax: 02361 2410
E-Mail: *eigenerName*@reif.com

Datum: 20.01.20..

Ihre Reklamation

Sehr geehrte Frau Rothfels,

bitte entschuldigen Sie die aufgetretene Materialmüdigkeit am Rahmen Ihres Fahrrads. Sie wissen, wir legen auf Kundenzufriedenheit und hohe Qualität unserer Produkte großen Wert.

Den Ihnen entstandenen Schaden möchten wir unverzüglich beheben. Bitte kommen Sie in den nächsten Tagen mit Ihrem Fahrrad „Cute Lady S, Modellversion 20..“ in unsere Geschäftsräume. Unsere Service-Abteilung wird das Fahrrad sofort begutachten.

Sollten wir den Totalschaden, den die Kollegen im Radservice in Arnsberg festgestellt haben, bestätigen, tauschen wir das defekte Fahrrad gerne gegen ein neues aus. Von einer Reparatur des Schadens raten wir ab, da das Material nicht zu schweißen ist.

Auch der Wert Ihrer Jacke wird Ihnen ersetzt. Bitte reichen Sie uns die Jacke und die Rechnung ein. Ein Einkaufsgutschein über 50,00 EUR wird Sie für die Unannehmlichkeiten entschädigen.

Herzlichen Dank, dass Sie uns eine Chance geben, Sie als Kundin wieder zufriedenzustellen.

Mit freundlichen Grüßen

Reif KG

i. A. *eigener Name*

Handelsregister: HRA 1222
USt.-IdNr.: DE14627991
Erfüllungsort und Gerichtsstand: Recklinghausen

Internet-Adresse:
www.reif.com

Bankverbindung
Sparkasse Vest Kto. 170642
IBAN 45 4265 0100 0000 1706 42
BIC WELADED1REK

Lösung Aufgabe 11: E-Mail Flyer

Mögliches Ergebnis: Mitteilung an Frau Arnold per E-Mail

An:	arnold@markgraf-brunnen.de
Cc:	pfitzer@markgraf-brunnen.de
Bcc:	
Betreff:	Werbe-Flyer an Privathaushalte in 79098 Freiburg
Anhang	Quelle Flyer.docx; Flyer als Seriendruck.docx

Sehr geehrte Frau Arnold,

wie mit Ihnen besprochen, habe ich einen Werbe-Flyer mit folgendem Inhalt entworfen:

- Hinweis auf die Angebotswoche in der Zeit vom TT.MM.JJJJ bis TT.MM.JJJJ
- Überblick über die bis zu 20 % Rabatt reduzierten Produkte
- Angebot eines Lieferservices im Umkreis von 5 km bei einem Bestellumfang von mind. 50 €
- Angehängter 5-€-Gutschein (gegen Vorlage in unserer Freiburger Filiale)

Aus den Datensätzen für die Privatkunden habe ich den PLZ-Bereich 79098 ausgewählt.

Die Datenquelle und den Entwurf des Flyers füge ich dieser Mitteilung bei.

Ich hoffe, die Unterlagen entsprechen Ihren Vorstellungen. Gern stehe ich Ihnen für Rückfragen zur Verfügung.

Mit freundlichen Grüßen

eigener Name

Ergebnis: Quelle Flyer

Geschlecht	Vorname	Nachname	Straße/Postfach	PLZ	Ort
m	Björn	Fromme	Igelweg 22	79098	Freiburg
m	Ingo	Grabbe	Breitenbruck 1	79098	Freiburg
m	Erdem	Güngör	Bahnhofstr. 79	79098	Freiburg
m	Hardy	Isenburg	Robert-Koch-Str. 98	79098	Freiburg
w	Christel	Schlutzius	Ulmenallee 3	79098	Freiburg
w	Eva	Tintrop	Fürstenstr. 23	79098	Freiburg

Lösung Aufgabe 11: Flyer als Seriendruck

Mögliches Ergebnis: Flyer als Seriendruck (ohne Feldfunktionen)

Markgraf Brunnen GmbH

MINERALWASSER
LIMONADEN
SÄFTE

Sehr geehrter Herr «Nachname»,

Es ist wieder soweit: ***Angebotswoche*** in der Zeit *vom TT.MM.JJJJ bis TT.MM.JJJJ* mit supergünstigen Preisen!

Selbstverständlich bieten wir auch bei den absoluten Niedrigpreisen unserer Getränke die gewohnte Qualität und unseren Service an.

Im Umkreis von 5 km liefern wir bei einem Bestellumfang von 50 € die Getränke kostenlos zu Ihnen nach Hause.

Hier ein kleiner Überblick über unser Produktangebot, auf das wir 20 % Rabatt gewähren:

Fruchtsäfte: Orange, Limette, Kirsch, Banane, Feige

Mineralwasser: still, mit Kohlensäure, medium, Fruchtgeschmack

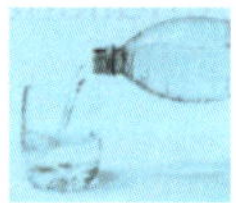

Neu im Sortiment: Wein-Mixgetränke (alkoholfrei)
Geschmacksrichtungen: Minze, Holunder, Brombeer

Das sollen Sie sich nicht entgehen lassen.

Besuchen Sie uns in unserer Filiale Am Dorfgraben 6 und Sie erhalten bis zu 20 % Rabatt auf unsere beliebtesten Getränkesorten. Vergessen Sie nicht, den unten angehängten Gutschein mitzubringen. Wir erstatten Ihnen sofort vor Ort 5 € für Ihren Einkauf.

Wir freuen uns auf Ihren Besuch, <<Anrede>>.

5 € **5-€-Gutschein** ***5 €***

für Herrn «Nachname»

Gegen Vorlage dieses Gutscheins erstatten wir Ihnen in unserer Filiale Am Dorfgraben 6 in der Angebotswoche vom TT.MM.JJJJ bis TT.MM.JJJJ 5 € auf Ihren Einkauf.

Lösung Aufgabe 12: Markteinführung eines neuen Mineralwassers

Mögliches Ergebnis Teil 1: Mineralwasser

Titelfolie

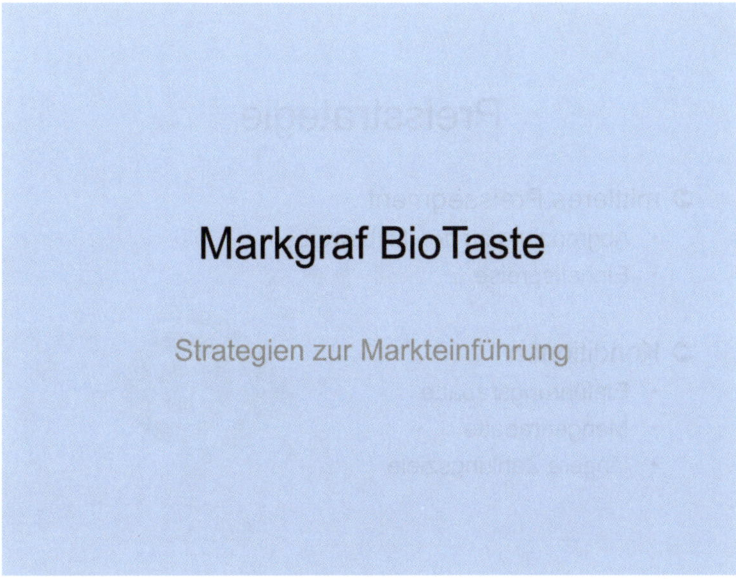

Inhaltsfolien

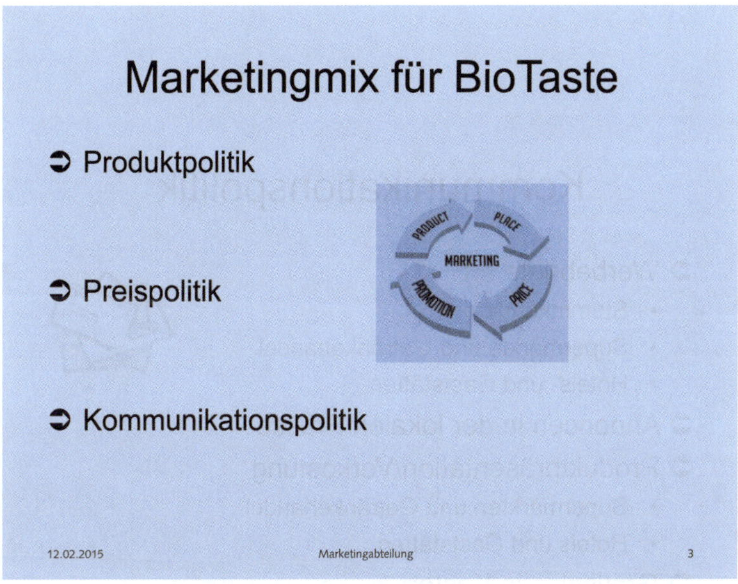

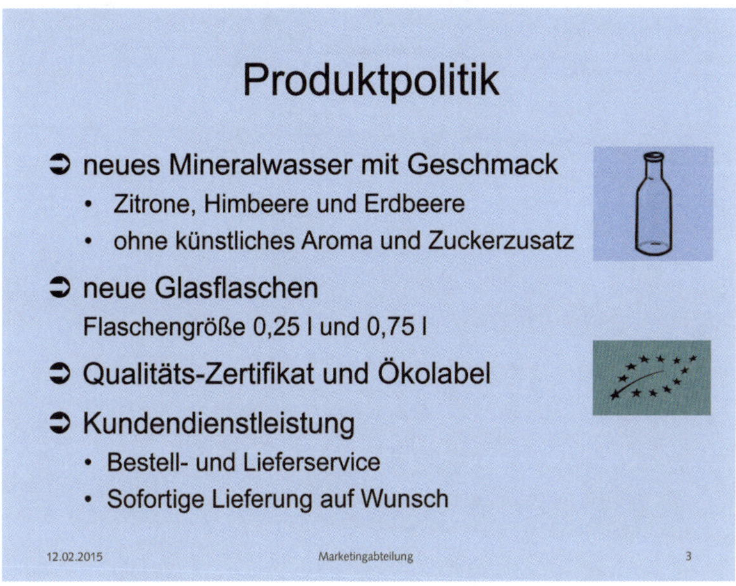

Lösung Aufgabe 12: Markteinführung eines neuen Mineralwassers

Fortsetzung Mögliches Ergebnis Teil 1: PowerPoint-Präsentation erstellen

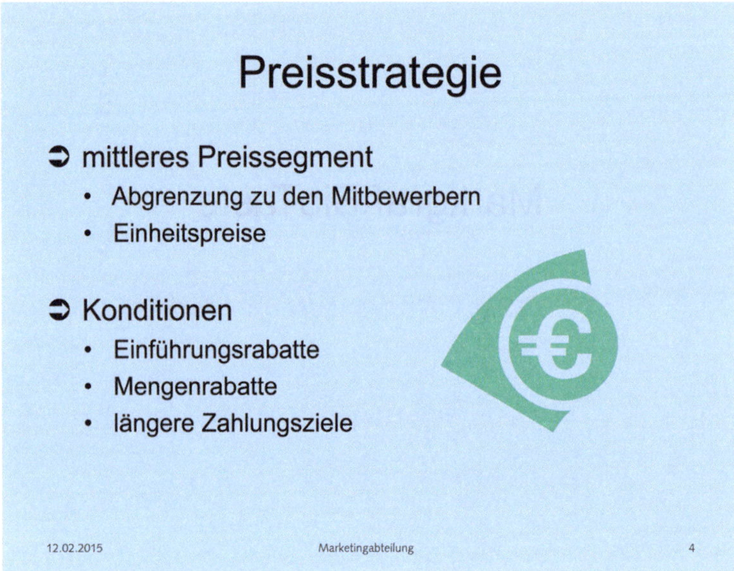

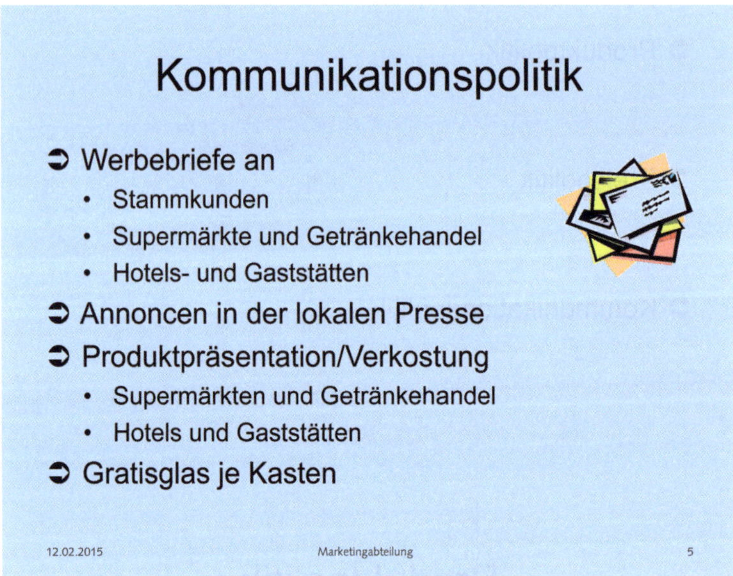

Lösung Aufgabe 12: Markteinführung eines neuen Mineralwassers

Mögliches Ergebnis Teil 2: Handout

Markteinführung des neuen Mineralwassers „Markgraf BioTaste“

Produktpolitik

➲ **Innovation:**

Mineralwasser mit Geschmack ohne künstliche Aromastoffe und Zuckerzusatz

➲ **Produktgestaltung:**

neue Glasflaschen in den Größen 0,25 l und 0,75 l

➲ **Produktvariation:**

Mineralwasser mit und ohne Kohlensäure, Geschmacksrichtungen „Zitrone“, „Himbeere“ und „Erdbeere“

➲ **Garantie, Qualitätszertifikat und Ökolabel**

➲ **Kundendienstleistung:**

Bestell- und Lieferservice, auf Wunsch sofortige Lieferung

Preispolitik

➲ **Preisstrategie**:

- Abgrenzung zum unteren Preissegment der Mitbewerber wegen des Qualitätszertifikats und des Ökolabels
- Einordnung in die mittlere Preisklasse

➲ **Preisdifferenzierung:**

Einheitspreise im gesamten Absatzgebiet

➲ **Konditionen:**

- Einführungsrabatte
- Mengenrabatte und Skonto
- für Stammkunden längere Zahlungsziele

Kommunikationspolitik

➲ **Werbung:**

Werbebriefe an
- Stammkunden
- Supermärkte und Getränkehandel
- Hotels und Gaststätten

Anzeigen in der lokalen Presse

➲ **Verkaufsförderung:**

Produktpräsentationen mit Verkostung in

- Supermärkten und Getränkehandel
- Hotels und Gaststätten

Wasserglas je Kasten gratis während der Einführungsphase

Vorname Nachname

Lösung Aufgabe 12: Markteinführung eines neuen Mineralwassers

Mögliches Ergebnis Teil 3: Einladung

Markgraf Brunnen GmbH

Markgraf Brunnen GmbH ♦ Am Dorfgraben 6 – 9 ♦ 79098 Freiburg

MINERALWASSER
LIMONADEN
SÄFTE

Frau
Christel Pitzer
Breisgauer Straße 39
79241 Ihringen

Ihr Zeichen, Ihre Nachricht vom	Unser Zeichen, unsere Nachricht vom	Telefon, Name 0761 1424-100	Datum
	eigenes Zeichen	Vorname Nachname	Tagesdatum

Einladung zur Besprechung

Guten Tag Frau Pitzer,

Sie wissen, dass wir zurzeit die neue Produktlinie **„Markgraf BioTaste"** entwickeln. Auf einer Besprechung wollen wir über die Strategie der Markteinführung informieren und diskutieren. Wir laden Sie herzlich ein an dieser Besprechung am

Freitag, (Datum der nächsten Woche einfügen),
10:00 Uhr, Konferenzraum 1

teilzunehmen. Anwesend sind die Geschäftsleitung, Leiterin der Marketingabteilung Isabelle Jung sowie alle Abteilungsleiter und Abteilungsleiterinnen des Unternehmens.

Bitte informieren Sie uns, wenn Sie den Termin nicht wahrnehmen können. Auf Ihr Kommen freuen wir uns schon heute.

Freundliche Grüße

Markgraf Brunnen GmbH

i. A. Vorname Nachname

Bankverbindung
Deutsche Bank Freiburg im Breisgau
IBAN DE 10 6807 0030 0000 0445 00
BIC DEUTDE6FXXX

Geschäftsführerin Frau Frieda Arnold
Geschäftsführer Herr Peter Pitzer
USt-IdNr.: DE 142109946
HRB 0172

Tel. 0761 1424-0 Zentrale
Fax 0761 1425
Internet: www.markgraf-brunnen.de
E-Mail: info@markgraf-brunnen.de

Teil B: Prüfungsübungen Excel: Lösungen

Lösung Aufgabe 1: Ausbildungskosten

Lösungsdatei: **Aufgabe 1 (Lösung)**

Lösungsansicht:

	A	B	C	D	E
1	**Aufgabe 1**				
2					
3	**Ausbildungskosten Wohntal GmbH**				
4					
5	Jahr	Anzahl der Auszubildenden	Gesamtkosten	Kosten je Auszubildendem	Branchendurchschnitt Kosten je Auszubildendem
6	2001	11	60.775,00 €	5.525,00 €	5.680,00 €
7	2002	10	54.255,00 €	5.425,50 €	5.810,00 €
8	2003	9	50.762,00 €	5.640,22 €	5.890,00 €
9	2004	9	52.356,00 €	5.817,33 €	5.910,00 €
10	2005	12	70.084,00 €	5.840,33 €	5.980,00 €
11	2006	12	71.435,00 €	5.952,92 €	6.290,00 €
12	2007	15	96.751,00 €	6.450,07 €	6.470,00 €
13	2008	15	97.854,00 €	6.523,60 €	6.560,00 €
14	2009	14	96.211,00 €	6.872,21 €	6.690,00 €
15	2010	15	99.826,00 €	6.655,07 €	6.730,00 €
16	2011	16	105.624,00 €	6.601,50 €	6.820,00 €
17	2012	18	124.020,00 €	6.890,00 €	6.880,00 €
18	2013	20	149.598,00 €	7.479,90 €	6.870,00 €
19	2014	17	124.756,00 €	7.338,59 €	6.880,00 €
20	2015	18	131.224,00 €	7.290,22 €	6.890,00 €
21	2016	18	129.420,00 €	7.190,00 €	6.920,00 €
22	2017	17	120.996,00 €	7.117,41 €	6.975,00 €
23					
24		Durchschnittliche Anzahl Auszubildende:		14,5	
25		Anteil Jahre > 18 Auszubildenden:		5,9%	
26		Anteil Jahre < 12 Auszubildenden:		23,5%	

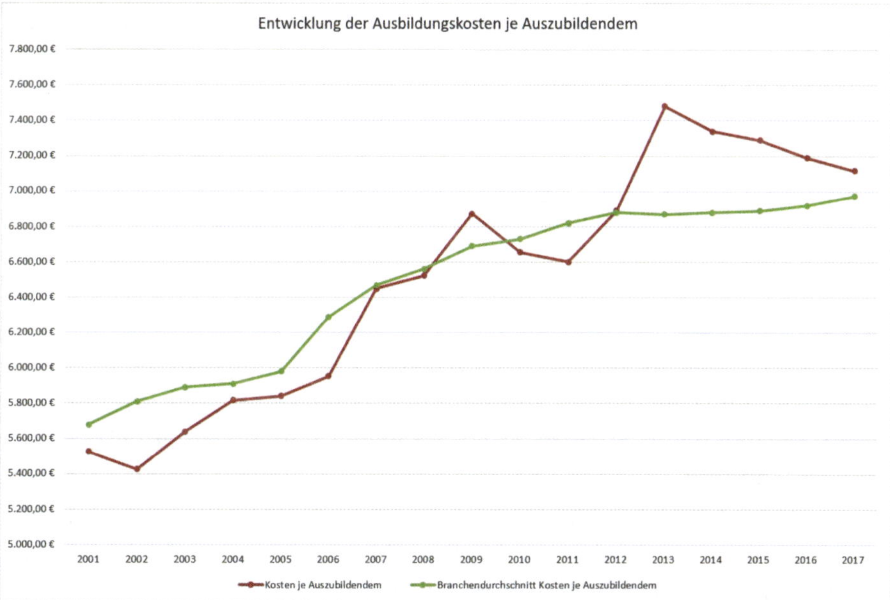

Zwar liegen die Ausbildungskosten je Auszubildendem bei der Wohntal GmbH in den letzten Jahren über dem Branchendurchschnitt. Seit 2013 sind die Kosten je Auszubildendem jedoch – ganz im Gegensatz zum Trend des Branchendurchschnitts – kontinuierlich gesunken.

Grundsätzlich ist das für die Berufsausbildung ausgegebene Geld als hochrentable Investition zu sehen. Die Wohntal GmbH sichert sich so qualifizierten Berufsnachwuchs und erhält damit seine Wettbewerbsfähigkeit. Aufgrund der demographischen Entwicklung wird es in Zukunft eine immer größere Herausforderungen werden, gute Auszubildende zu gewinnen.

Lösung Aufgabe 2: Umsatzstatistik

Lösungsdatei: Aufgabe 2 (Lösung)

Lösungsansicht:

Aufgabe 2

Umsatzstatistik

	1. Jahr	2. Jahr	3. Jahr	4. Jahr	5. Jahr	6. Jahr	Summe
Büttner, Bernd	2.861.504 €	2.936.967 €	3.267.828 €	3.173.298 €	3.143.275 €	2.990.518 €	18.373.390 €
Eismann, Jochen	3.201.347 €	3.300.386 €	3.399.525 €	3.333.419 €	3.504.653 €	3.608.732 €	20.348.062 €
Schmidt, Thorsten	3.149.454 €	3.298.277 €	3.306.948 €	3.535.993 €	3.466.757 €	3.792.966 €	20.550.395 €
Waldmann, Kai	2.732.598 €	2.852.921 €	3.247.179 €	3.549.263 €	3.699.421 €	4.308.754 €	20.390.136 €
Zeller, Stefan	3.053.606 €	3.018.774 €	2.969.284 €	2.857.345 €	2.772.213 €	2.541.198 €	17.212.420 €
Summe	14.998.509 €	15.407.325 €	16.190.764 €	16.449.318 €	16.586.319 €	17.242.168 €	96.874.403 €

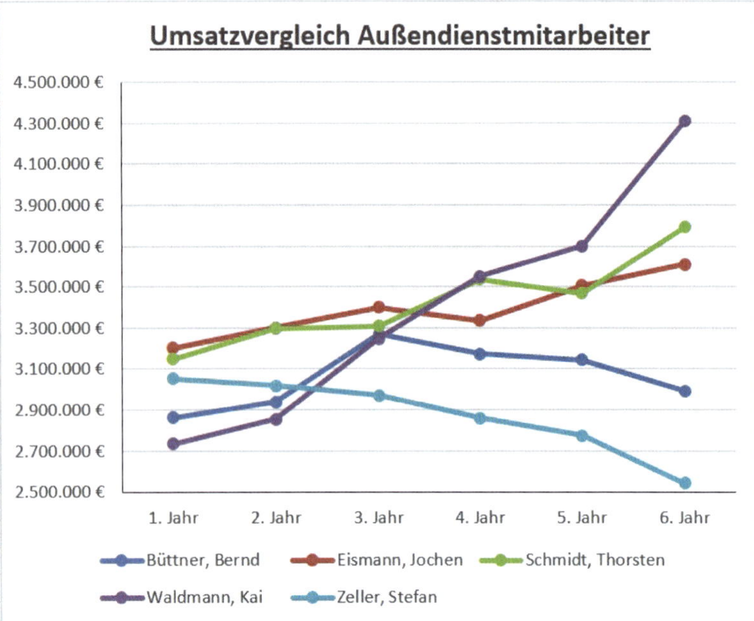

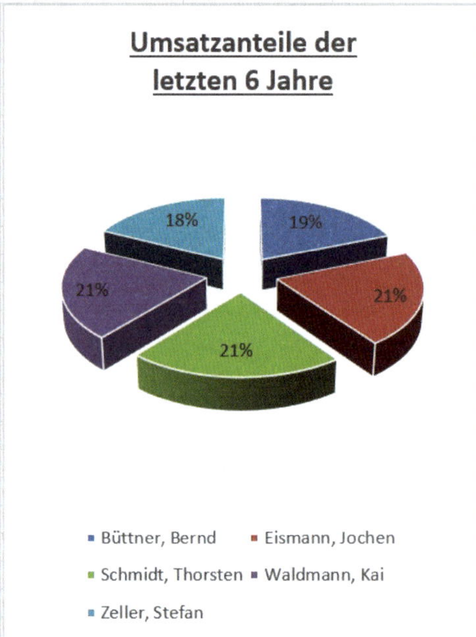

Die beste Entwicklung hat der Außendienstmitarbeiter Kai Waldmann gemacht. Er konnte seinen Umsatz in den letzten sechs Jahren kontinuierlich steigern und hat seit dem vierten Jahr den größten Umsatz. Positiv, wenn auch nicht so geradlinig haben sich auch die Außendienstmitarbeiter Jochen Eismann und Thorsten Schmidt entwickelt. Einen negativen Verlauf zeigt dagegen Bernd Büttner. Zwar konnte er seine Umsätze bis zum dritten Jahr noch steigern, seitdem sind seine Umsatzzahlen aber Jahr für Jahr rückläufig. Die schlechtesten Zahlen weist eindeutig Stefan Zeller auf. Seit dem ersten Jahr verkauft er Jahr für Jahr weniger.

Betrachtet man den Gesamtzeitraum der letzten sechs Jahre, liegen die Verkäufer jedoch sehr eng beieinander. Waldmann, Schmidt und Eismann liegen mit 21 % Umsatzanteil exakt gleichauf, Büttner (19 %) und Zeller (18 %) nur geringfügig dahinter.

Lösung Aufgabe 3: Lohnliste

Lösungsdatei: **Aufgabe 3 (Lösung)**

Lösungsansicht:

Aufgabe 3

Lohnliste der Mitarbeiter in der Produktion der Wohnthal GmbH, Monat Mai

Name	Stundenlohn € / Std.	Wochenarbeitszeit Std. / Wo.	Monatsgrundlohn € / Monat	Überstundenlohn € / Std.	Überstunden Std. / Monat	Überstundenlohn € / Monat	Gesamtlohn € / Monat
Ackermann, Kevin	14,50	37,0	2.146,00	17,40	8,0	139,20	2.285,20
Bär, Thomas	13,60	37,0	2.012,80	16,32	16,0	261,12	2.273,92
Dell, Tobias	14,50	37,0	2.146,00	17,40	12,0	208,80	2.354,80
Engelmann, Tim	14,50	37,0	2.146,00	17,40	5,0	87,00	2.233,00
Gülenay, Kalkan	12,50	37,0	1.850,00	15,00	4,0	60,00	1.910,00
Guthmann, Franz	15,50	37,0	2.294,00	18,60	6,0	111,60	2.405,60
Hofer, Alexander	15,50	37,0	2.294,00	18,60	4,0	74,40	2.368,40
Hofmann, Johann	11,90	37,0	1.761,20	14,28	12,0	171,36	1.932,56
Inanir, Kadir	11,90	37,0	1.761,20	14,28	13,0	185,64	1.946,84
Jehnke, Ben	12,90	37,0	1.909,20	15,48	11,0	170,28	2.079,48
Kolb, Heiko	14,50	37,0	2.146,00	17,40	9,0	156,60	2.302,60
Lachmann, Markus	12,90	37,0	1.909,20	15,48	10,0	154,80	2.064,00
Ögelmann, Kadri	11,90	37,0	1.761,20	14,28	6,0	85,68	1.846,88
Özdemir, Murat	13,60	37,0	2.012,80	16,32	8,0	130,56	2.143,36
Pfaff, Oskar	14,50	37,0	2.146,00	17,40	2,0	34,80	2.180,80
Pfeiffer, Theresa	11,90	37,0	1.761,20	14,28	13,0	185,64	1.946,84
Radomisli, Rafa	10,00	37,0	1.480,00	12,00	8,0	96,00	1.576,00
Schmidt, Benjamin	13,60	37,0	2.012,80	16,32	9,0	146,88	2.159,68
Schneider, Karin	10,00	37,0	1.480,00	12,00	13,0	156,00	1.636,00
Volkers, Klara	10,00	37,0	1.480,00	12,00	27,0	324,00	1.804,00
Mittelwert	**13,01**	**37,0**	**1.925,48**	**15,61**	**9,8**	**147,02**	**2.072,50**
Minimum	**10,00**	**37,0**	**1.480,00**	**12,00**	**2,0**	**34,80**	**1.576,00**
Maximum	**15,50**	**37,0**	**2.294,00**	**18,60**	**27,0**	**324,00**	**2.405,60**
Summe		**740,0**	**38.509,60**		**196,0**	**2.940,36**	**41.449,96**

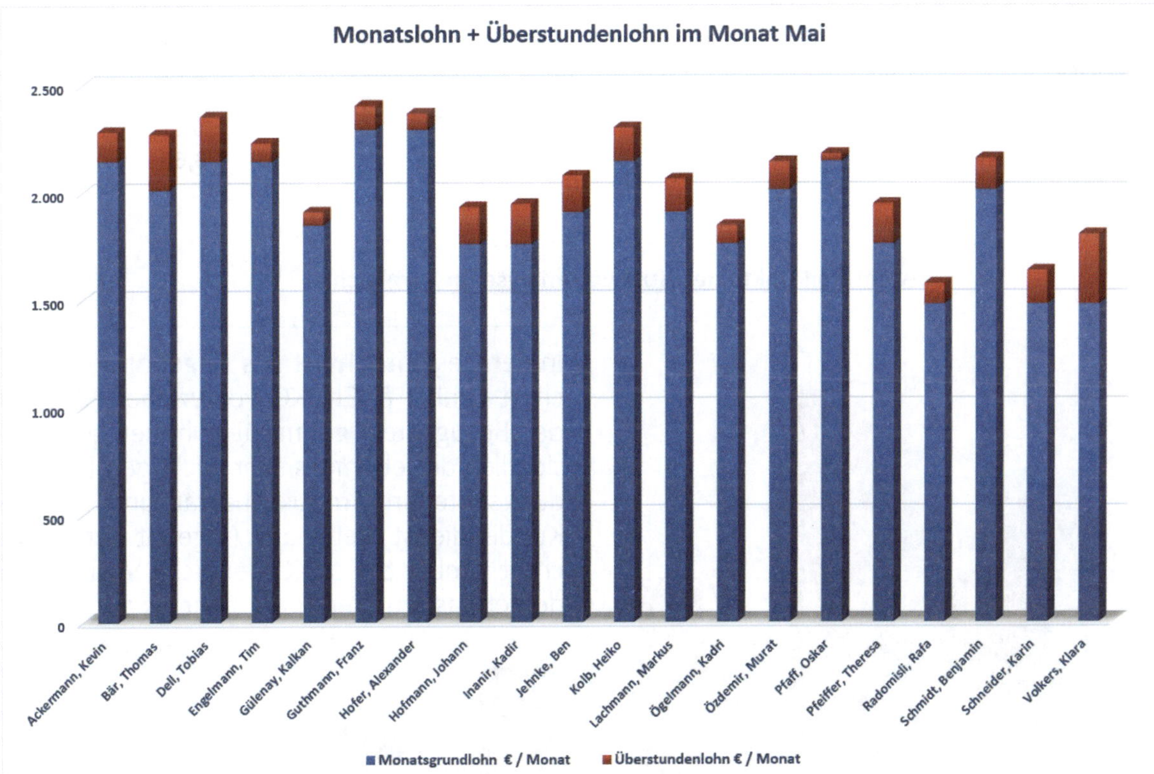

Der Personalchef spricht die extrem hohe Überstundenzahl von Frau Volkers an. Er wird wahrscheinlich den Produktionsleiter bitten, die Überstunden in Zukunft gleichmäßiger auf die Mitarbeiter zu verteilen. Angesichts der hohen Zahl an Überstunden wäre es auch denkbar, zeitweise (z. B. über Zeitarbeitsfirmen) oder ggf. auch dauerhaft einen zusätzlichen Mitarbeiter einzustellen.

Lösung Aufgabe 4: Nutzwertanalyse

Lösungsdatei: Aufgabe 4 (Lösung)

Lösungsansicht:

	A	B	C	D	E	F
1	**Aufgabe 4**					
2						
3						
4	**Nutzwertanalyse Markgraf Brunnen GmbH**					
5						
6				Eingabefelder		
7	**Kalkulation**					
8						
9			**Conrad Systems GmbH**		**Dr. Bechert GmbH & Co. KG**	
10			**Eingabe**	**Ausgabe**	**Eingabe**	**Ausgabe**
11	**Listeneinkaufspreis**		79.490,00 €		88.500,00 €	
12	**- Lieferrabatt**		5%	3.974,50 €	10%	8.850,00 €
13	**= Zieleinkaufspreis**			75.515,50 €		79.650,00 €
14	**- Liefererskonto**		2%	1.510,31 €	3%	2.389,50 €
15	**= Bareinkaufspreis**			74.005,19 €		77.260,50 €
16	**+ Bezugskosten**		1.250,00 €		850,00 €	
17	**= Bezugspreis (Einstandspreis)**			**75.255,19 €**		**78.110,50 €**
18						
19						
20	**Nutzwertanalyse**					
21						
22			**Conrad Systems GmbH**		**Dr. Bechert GmbH & Co. KG**	
23	**Entscheidungskriterien**	**Gewichtung in %**	**Punkte (0 - 10)**	**Gewichtete Punkte**	**Punkte (0 - 10)**	**Gewichtete Punkte**
24	**Preis**	35	6	2,10	4	1,40
25	**Produktqualität**	30	8	2,40	9	2,70
26	**Service/Kundendienst**	15	6	0,90	9	1,35
27	**Zuverlässigkeit**	10	7	0,70	7	0,70
28	**Lieferbedingungen**	5	3	0,15	5	0,25
29	**Zahlungsbedingungen**	5	3	0,15	5	0,25
30	**Summe**	100		**6,40**		**6,65**
31						

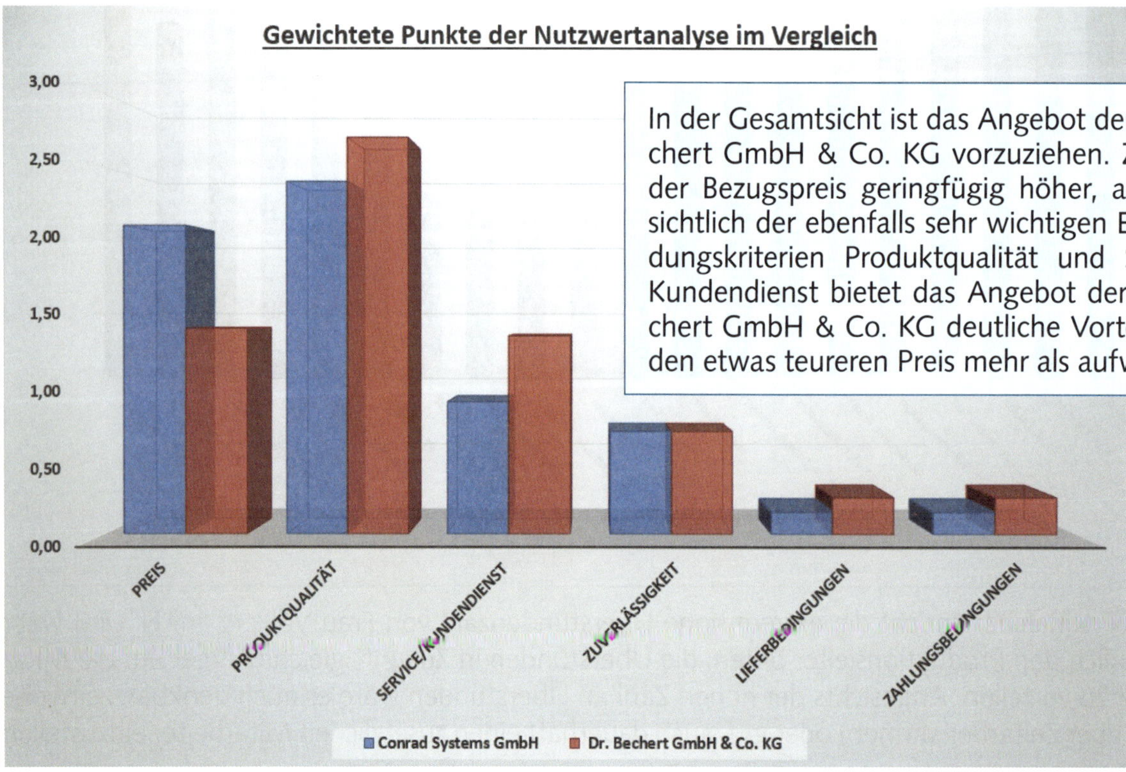

In der Gesamtsicht ist das Angebot der Dr. Bechert GmbH & Co. KG vorzuziehen. Zwar ist der Bezugspreis geringfügig höher, aber hinsichtlich der ebenfalls sehr wichtigen Entscheidungskriterien Produktqualität und Service/ Kundendienst bietet das Angebot der Dr. Bechert GmbH & Co. KG deutliche Vorteile, die den etwas teureren Preis mehr als aufwiegen.

Lösung Aufgabe 5: Kostenübersicht

Lösungsdatei: **Aufgabe 5 (Lösung)**

Lösungsansicht:

	A	B	C	D	E	F	G	H	I	J
1	**Aufgabe 5**									
2										
3	**Kostenübersicht**									
4										
5		1. Jahr	2. Jahr	3. Jahr	4. Jahr	5. Jahr	Summe	Durchschnitt	Maximum	Minimum
6	Materialverbrauch	618.763	682.989	655.911	621.891	588.874	3.168.428	633.686	682.989	588.874
7	Kommunikationsaufwand	389.024	430.936	458.912	510.723	545.967	2.335.562	467.112	545.967	389.024
8	Energieaufwand	219.892	245.630	209.855	199.765	200.114	1.075.256	215.051	245.630	199.765
9	Abschreibungen	530.250	530.250	530.250	410.000	410.000	2.410.750	482.150	530.250	410.000
10	Gehälter / Sozialaufwand	911.340	981.430	1.015.421	1.040.120	1.070.645	5.018.956	1.003.791	1.070.645	911.340
11	Mieten	60.000	60.000	60.000	75.500	75.500	331.000	66.200	75.500	60.000
12	Sonstige Kosten	3.412	4.112	3.421	5.231	1.987	18.163	3.633	5.231	1.987
13	Jahressumme	2.732.681	2.935.347	2.933.770	2.863.230	2.893.087	14.358.115	2.871.623	2.935.347	2.732.681
14										
15	Anteil Kommunikationsaufwand	14,24%	14,68%	15,64%	17,84%	18,87%				
16	Anteil Materialaufwand	22,64%	23,27%	22,36%	21,72%	20,35%				

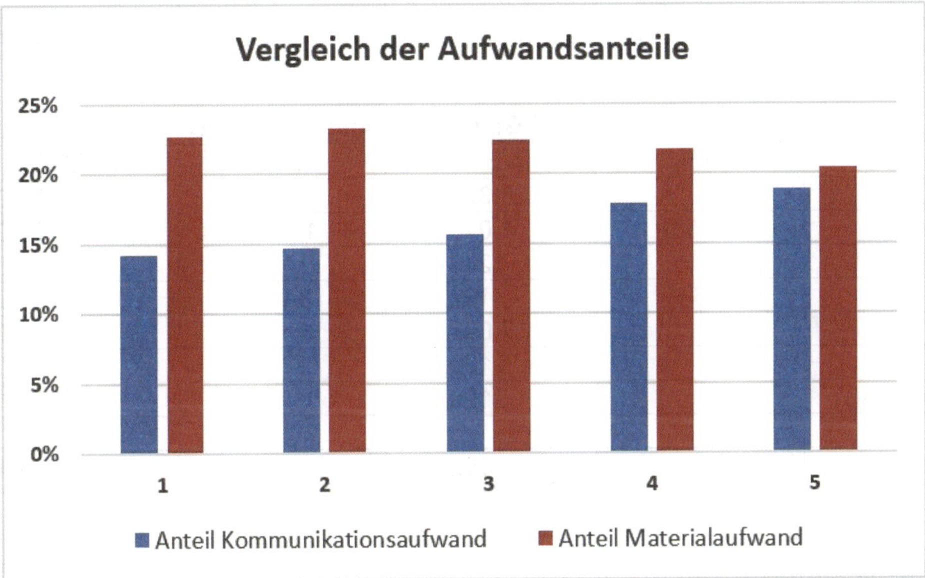

Während der Anteil des Kommunikationsaufwandes am Gesamtaufwand Jahr für Jahr kontinuierlich gestiegen ist, ist der Materialaufwand mit Ausnahme vom 2. Jahr kontinuierlich gesunken.

Lösung Aufgabe 6: Angebotsvergleich

Lösungsdatei: Aufgabe 6 (Lösung)

Lösungsansicht:

	A	B	C	D	E
1	**Aufgabe 6**				
2					
3	**Angebotsvergleich**				
4					
5	Geplante Bestellmenge:	20			
6					
7		**Angebot SEATAN GmbH**		**Angebot BÜMO GmbH & Co. KG**	
8	Stückpreis		416,00 €		429,00 €
9	Rabatt bei Abnahme von mind.	20 Stück	12,50%	15 Stück	15,00%
10	Skonto bei Zahlung innerhalb von	8 Tagen	2,50%		3,00%
11	Bezugskosten je Stück		2,25 €		1,85 €
12	zusätzliche Lieferkosten	bis 40 Stück	55,50 €	bis 35 Stück	47,50 €
13					
14					
15	Bezugskalkulation	**Angebot SEATAN GmbH**		**Angebot BÜMO GmbH & Co. KG**	
16		**in %**	**in EUR**	**in %**	**in EUR**
17	Listeneinkaufspreis (LEP)		8.320,00		8.580,00
18	- Rabatt	12,5%	1.040,00	15,0%	1.287,00
19	= Zieleinkaufspreis (ZEP)		7.280,00		7.293,00
20	- Skonto	2,5%	182,00	3,0%	218,79
21	= Bareinkaufspreis		7.098,00		7.074,21
22	+ Bezugskosten		100,50		84,50
23	= Bezugspreis (Einstandspreis)		7.198,50		7.158,71
24					
25	**Bezugspreis pro Stück**		359,93		357,94

Das Angebot der BÜMO GmbH & Co. KG ist etwas günstiger. Würde der Rabatt der BÜMO GmbH & Co. KG allerdings um nur 1 % auf 14 % sinken, wäre das Angebot der SEATAN GmbH günstiger.

Generell spielen qualitative Kriterien beim Angebotsvergleich eine große Rolle. Wenn die Differenz zwischen den Bezugspreisen so gering ist wie hier, gilt dies in besonderem Maße. Zu den qualitativen Kriterien gehören z. B. die Zuverlässigkeit des Lieferanten, Termintreue, Service/Kundendienst, Standortnähe, Umweltfreundlichkeit der Materialien und nicht zuletzt die Qualität der angebotenen Güter.

Lösung Aufgabe 7: ABC-Analyse

Lösungsdatei: **Aufgabe 7 (Lösung)**

Lösungsansicht:

Aufgabe 7

ABC-Analyse Radmarkt Reif KG

Kategorie	Mindestanteil am Gesamteinkaufswert
A	10%
B	5%
C	alle übrigen

Lieferanten-Nr.	Lieferant	Einkaufswert	Anteil am Gesamteinkaufswert	ABC-Analyse
44101	Alpina Velo GmbH	99.230,25 €	20,48%	A
44104	RADioACTIV GmbH	99.172,82 €	20,47%	A
44201	Conti AG	97.049,71 €	20,03%	A
44102	Safetyride Ltd.	60.518,22 €	12,49%	A
44301	Neumann & Söhne OHG	40.741,82 €	8,41%	B
44305	R & S GmbH	33.074,03 €	6,83%	B
44202	Zweiradtechnik GmbH	28.157,39 €	5,81%	B
44304	HEHA Radzubehör GmbH	18.445,52 €	3,81%	C
44307	FST & Partner KG	4.078,99 €	0,84%	C
44302	Velo Fun KG	3.977,04 €	0,82%	C
Gesamt		484.445,79 €	100,00%	

Kategorie	Anteil am Gesamteinkaufswert	Anzahl der Lieferanten
A	73,48%	4
B	21,05%	3
C	5,47%	3

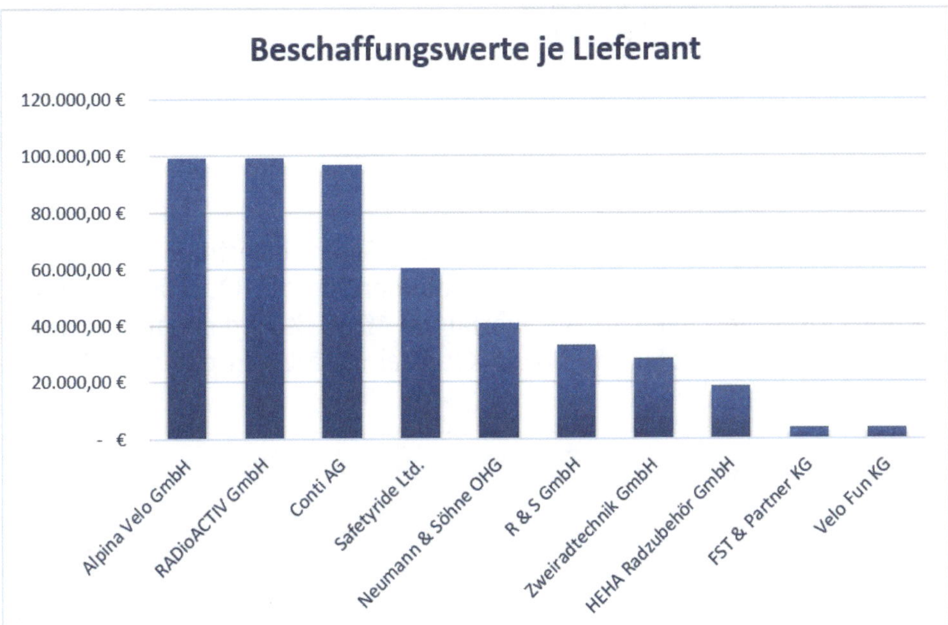

Lösung Aufgabe 8: Investitionen

Lösungsdatei: **Aufgabe 8 (Lösung)**

Lösungsansicht:

	A	B	C	D	E	F
1	**Aufgabe 8**					
2						
3	**Investitionen der Markgraf Brunnen GmbH**					
4						
5						
6		**I. Quartal**	**II. Quartal**	**III. Quartal**	**IV. Quartal**	**Summe**
7	***Maschinen***	96.429,00 €	159.498,00 €	178.947,00 €	0,00 €	434.874,00 €
8	***Fuhrpark***	59.950,00 €	0,00 €	0,00 €	53.890,00 €	113.840,00 €
9	***Computerausstattung***	34.985,00 €	14.513,00 €	0,00 €	12.996,00 €	62.494,00 €
10	***Büromöbel***	698,00 €	1.292,00 €	495,00 €	445,00 €	2.930,00 €
11	***Weiterbildung***	0,00 €	15.598,00 €	1.195,00 €	1.098,00 €	17.891,00 €
12	***Sonstige Investitionen***	12.894,00 €	29.991,00 €	5.897,00 €	7.618,00 €	56.400,00 €
13	**Summe**	204.956,00 €	220.892,00 €	186.534,00 €	76.047,00 €	688.429,00 €
14						
15	Differenz zum Quartal vorher:					
16	absolut:		15.936,00 €	-34.358,00 €	-110.487,00 €	
17	in Prozent:		7,78%	-15,55%	-59,23%	

Der Anteil der Investitionen in Maschinen ist mit fast 2/3 des Gesamtinvestitionsvolumens der mit Abstand größte Investitionsbereich. Das Investitionsvolumen ist im 2. Quartal im Vergleich zum Quartal vorher um 7,78 % gestiegen, im 3. Quartal um 15,55 % und im letzten Quartal um 59,23 % gesunken. Der starke Abfall im letzten Quartal erklärt sich dadurch, dass hier keine neuen Maschinen angeschafft wurden.

Lösung Aufgabe 9: Artikeldatei

Lösungsdatei: **Aufgabe 9 (Lösung)**

Lösungsansicht:

	A	B	C	D	E	F	G	H	I
1	**Aufgabe 9**								
2									
3	**Artikeldatei Bürobedarf Müngsten GmbH**								
4									
5	**Artikel-N**	**Gattung**	**Artikelname**	**Verkaufspreis (nett**	**Verkaufspreis (brutt**	**Meldebestar**	**Lagerbestar**	**Lieferanten-Nı**	**Wiederbeschaffur**
6	16045	Büromaterial	Bleistiftspitzer	1,67 €	1,99 €	20	23	4089	Auf Lager
7	11001	Büromaterial	Korrekturroller - 2er Set	1,67 €	1,99 €	9	15	5161	Auf Lager
8	16754	Büromaterial	Radiergummi	2,51 €	2,99 €	15	18	4089	Auf Lager
9	15079	Büromaterial	Textmarker 4er Etui	2,51 €	2,99 €	7	10	5137	Auf Lager
10	11012	Büromaterial	Haftnotizen Klebezettel	3,32 €	3,95 €	20	18	5161	Bestellung!!!
11	12104	Büromaterial	Pigment Liner	4,16 €	4,95 €	8	6	5234	Bestellung!!!
12	16471	Büromaterial	Dosenspitzer	4,19 €	4,99 €	15	17	4089	Auf Lager
13	12413	Büromaterial	Faserschreiber	5,84 €	6,95 €	5	7	5897	Auf Lager
14	12409	Büromaterial	Kugelschreiber	5,84 €	6,95 €	5	10	5344	Auf Lager
15	14982	Büromaterial	Whiteboard Marker	6,68 €	7,95 €	3	2	6157	Bestellung!!!
16	14358	Büromaterial	Textmarker 8er Set	7,52 €	8,95 €	4	5	6157	Auf Lager
17	15070	Büromaterial	OHP-Marker 5er Set	8,39 €	9,98 €	8	10	5735	Auf Lager
18	11895	Büromaterial	Fineliner 25er Etui	10,88 €	12,95 €	9	10	5233	Auf Lager
19	12411	Büromaterial	Füllfederhalter	16,76 €	19,95 €	5	9	5672	Auf Lager
20	11483	Büromaterial	Post-it Organizer	16,76 €	19,95 €	20	24	5161	Auf Lager
35	71685	Büromöbel	Telefonarm	41,97 €	49,95 €	3	4	9456	Auf Lager
36	87598	Büromöbel	Besucherstuhl	75,59 €	89,95 €	3	5	9238	Auf Lager
37	71345	Büromöbel	Rollcontainer	83,99 €	99,95 €	2	3	8346	Auf Lager
38	69910	Büromöbel	Aktenvernichter	117,61 €	139,95 €	3	2	7389	Bestellung!!!
39	86543	Büromöbel	Bürostuhl	210,04 €	249,95 €	3	5	9238	Auf Lager
40	74583	Büromöbel	Hängeregisterschrank	248,70 €	295,95 €	2	3	8346	Auf Lager
41	94537	Büromöbel	Schreibtisch	332,73 €	395,95 €	2	3	9877	Auf Lager
42	98426	Büromöbel	Konferenztisch	416,76 €	495,95 €	2	3	9877	Auf Lager
43									
44	%-Anteil aller Artikel mit Meldebestand mind. 10 Stück: 27,03%								
45									

In der Spalte I erfolgt über die WENN-Funktion ein Abgleich von Lagerbestand und Meldebestand. Ist der Lagerbestand größer als der Meldebestand erfolgt die Meldung "Auf Lager", ist er kleiner oder gleich dem Meldebestand erscheint der Hinweis "Bestellung!!!".

Der Meldebestand berechnet sich wie folgt:

Meldebestand = (Tagesverbrauch · Lieferzeit) + Mindestbestand

Wird der Meldebestand erreicht, wird eine Bestellung ausgelöst. Der Mindestbestand (auch „Eiserner" Bestand oder Sicherheitsbestand genannt) ist der Bestand, der nur im Notfall unterschritten werden darf.

Lösung Aufgabe 10: Akkord- und Prämienlohnberechnung

Lösungsdatei: **Aufgabe 10 (Lösung)**

Lösungsansicht:

Aufgabe 10

Akkord- und Prämienlohnberechnung

Gefertigte Menge	Lohn pro Stück
0	9,80 €
150	10,90 €

Fehlerhafte Stückzahl ab	Qualitätsprämie pro Monat
0	250,00 €
3	0,00 €

Personal-Nr.	Name	Fertigungsmenge pro Monat	davon fehlerhaft	Fehlerquote	Lohn pro Stück	Qualitätsprämie	Gesamtlohn pro Monat	Rang beim Gesamtlohn
23917	Jehnke, Tobias	137	0	0,0%	9,80 €	250,00 €	1.592,60 €	11
29014	Pöhlmann, Steffen	149	0	0,0%	9,80 €	250,00 €	1.710,20 €	8
28351	Paul, Stephan	154	1	0,6%	10,90 €	250,00 €	1.928,60 €	3
20925	Bastürk, Ali	143	1	0,7%	9,80 €	250,00 €	1.651,40 €	9
23745	Ebermann, Fritz	142	1	0,7%	9,80 €	250,00 €	1.641,60 €	10
21027	Chersey, Tom	153	2	1,3%	10,90 €	250,00 €	1.917,70 €	4
20187	Bankmann, Ralf	158	3	1,9%	10,90 €	0,00 €	1.722,20 €	7
29361	Zeller, Franz	159	4	2,5%	10,90 €	0,00 €	1.733,10 €	6
27491	Özdemir, Ahmet	202	6	3,0%	10,90 €	0,00 €	2.201,80 €	2
22031	Dietl, Christian	167	5	3,0%	10,90 €	0,00 €	1.820,30 €	5
28145	Öztürk, Ömer	213	9	4,2%	10,90 €	0,00 €	2.321,70 €	1
	Summe:	1.777	32		115,50 €	1.500,00 €		

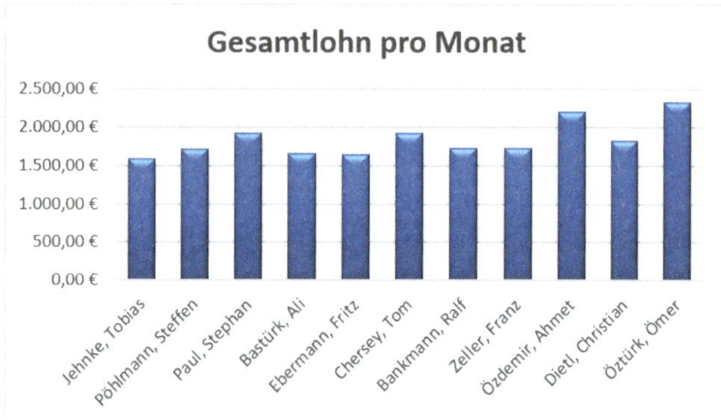

Die Mitarbeiter mit den höchsten Fehlerquoten haben derzeit die höchsten Monatslöhne. Durch eine Anpassung, z. B. eine stärkere Gewichtung des Prämienlohns, steigt der Anreiz für die Mitarbeiter, die Fehlerquote so niedrig wie möglich zu halten.

Lösung Aufgabe 11: Handelsspanne

Lösungsdatei: Aufgabe 11 (Lösung)

Lösungsansicht:

	A	B	C	D	E	F
1	**Aufgabe 11**					
2						
3			**Auswertung der Handelsspannen**			
4						
5		**Produkt**	**Einkaufspreis (netto)**	**Verkaufspreis (netto)**	**Handelsspanne**	**Verkaufspreis (brutto)**
6						
7	**Parfüms**	"Beauty Woman"	23,50 €	37,80 €	38%	44,98 €
8		"Bottled Homme"	22,99 €	33,60 €	32%	39,98 €
9		"Classique femme"	6,90 €	11,75 €	41%	13,98 €
10		"Desire"	29,99 €	47,05 €	36%	55,99 €
11		"Ladylike"	21,50 €	33,60 €	36%	39,98 €
12		"Obsession"	24,90 €	37,80 €	34%	44,98 €
13		"One unisex"	20,00 €	27,72 €	28%	32,99 €
14		"Parfum de France"	7,95 €	16,80 €	53%	19,99 €
15	Durchschnitt		19,72 €	30,77 €	37%	36,61 €

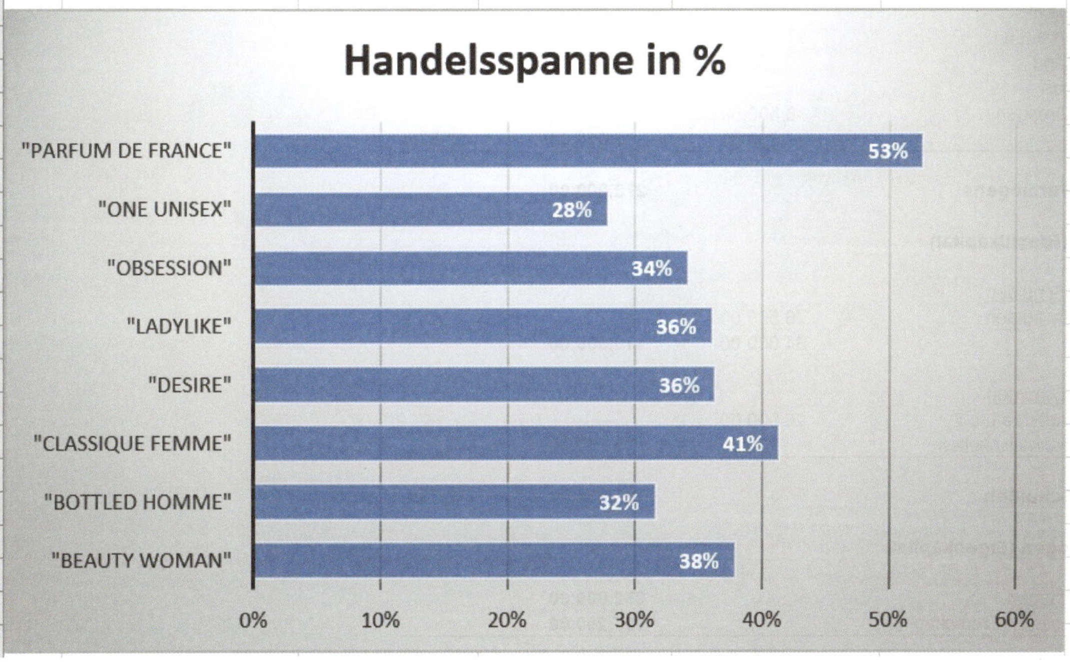

Während beim „Parfum de France" die Handelsspanne im Verhältnis zum Durchschnittswert von 37 % mit 53 % außerordentlich hoch liegt, zeigt sich bei dem Parfüm „One unisex" mit 28 % ein deutlich unterdurchschnittlicher Wert.

Lösung Aufgabe 12: Inventar

Lösungsdatei: **Aufgabe 12 (Lösung)**

Lösungsansicht:

	A	B	C	D
1	**Aufgabe 12**			
2				
3	**Inventar der Young Cosmetics KG zum 31.12.20..**			
4				
5		**Einzelwert**	**Gesamtwert**	
6		**in EUR**	**in EUR**	
7	**A. Vermögen**			
8				
9	I. Anlagevermögen			
10	1. Grundstücke und Bauten	115.000,00		
11	2. Maschinen und Anlagen	8.000,00		
12	3. Fuhrpark			
13	PKW 1	14.000,00		
14	PKW 2	20.000,00		
15	4. Betriebs- und Geschäftsaustattung			
16	Verwaltung lt. Inventurliste	10.000,00		
17	Verkauf lt. Inventurliste	18.000,00		
18	Lager lt. Inventurliste	12.000,00	**197.000,00**	**72,43%**
19				
20	II. Umlaufvermögen			
21	1. Handelswaren			
22	Warengruppe I	12.000,00		
23	Warengruppe II	30.500,00		
24	Warengruppe III	5.500,00		
25	2. Forderungen a.L.u.L.	17.000,00		
26	3. Kassenbestand	300,00		
27	4. Bankguthaben			
28	Sparkasse Dresden	8.500,00		
29	Postbank	1.200,00	**75.000,00**	**27,57%**
30				
31	**Summe des Vermögens**		**272.000,00**	
32				
33	**B. Schulden (Fremdkapital)**			
34				
35	I. Langfristige Schulden			
36	1. Hypothekenschulden	76.500,00		
37	2. Darlehen	34.000,00	**110.500,00**	
38				
39	II. Kurzfristige Schulden			
40	1. Verbindlichkeiten a.L.u.L.	16.000,00		
41	2. Sonstige Verbindlichkeiten	700,00	**16.700,00**	
42				
43	**Summe der Schulden**		**127.200,00**	**46,76%**
44				
45	**C. Reinvermögen (Eigenkapital)**			
46				
47	Summe Vermögen		**272.000,00**	
48	- Summe Schulden (Fremdkapital)		**127.200,00**	
49				
50	**= Reinvermögen (Eigenkapital)**		**144.800,00**	**53,24%**

Die Anlagenquote hat sich im Vergleich zum Vorjahr erhöht, die Umlaufquote folglich verringert. Es ist also nun ein höherer Anteil des Vermögens in das Anlagevermögen investiert. Ursache könnte sein, dass im letzten Geschäftsjahr ein oder mehrere Anlagegüter angeschafft wurden und/oder, dass der Lagerbestand der Handelswaren zurückgegangen ist.

Die Eigenkapitalquote hat sich erhöht, die Fremdkapitalquote folglich verringert. Diese Entwicklung ist für die wirtschaftliche Stabilität des Unternehmens sehr erfreulich. Möglicherweise wurde im letzten Jahr ein Gewinn erwirtschaftet, der nicht ausgeschüttet, sondern ins Unternehmen investiert wurde. Denkbar ist auch, dass Schulden getilgt und so die Fremdkapitalquote gesenkt wurde.

Lösung Aufgabe 13: Absatz- und Umsatzzahlen

Lösungsdatei: Aufgabe 13 (Lösung)

Lösungsansicht:

Aufgabe 13

Absatz- und Umsatzzahlen Lippenstifte Young Cosmetics KG
1. Halbjahr

	Januar	Februar	März	April	Mai	Juni	Absatz	Preis	Umsatz	Umsatzanteil
"True Colour"	2.984	2.568	3.169	3.034	3.004	3.052	*17.811*	3,78 €	*67.325,58 €*	*36,55%*
"Delicios"	1.568	1.005	1.118	1.203	998	1.205	*7.097*	4,98 €	*35.343,06 €*	*19,19%*
"Manhattan"	4.782	4.563	4.327	4.598	4.675	4.408	*27.353*	2,98 €	*81.511,94 €*	*44,26%*
Summe	*9.334*	*8.136*	*8.614*	*8.835*	*8.677*	*8.665*	*52.261*		*184.180,58 €*	*100,00%*

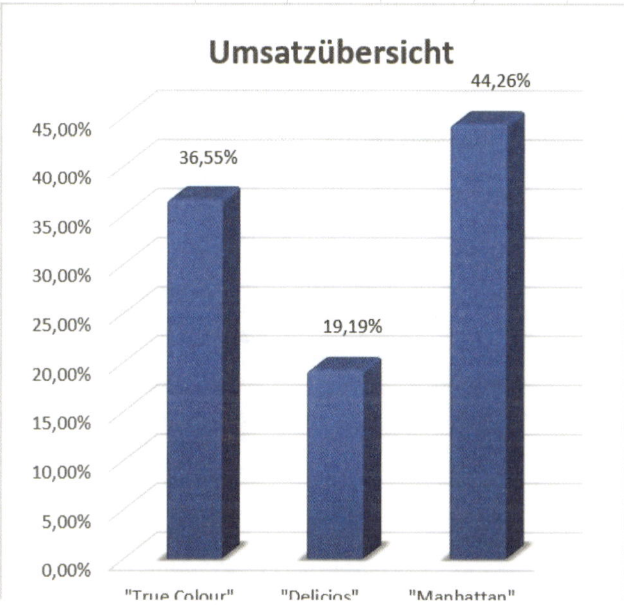

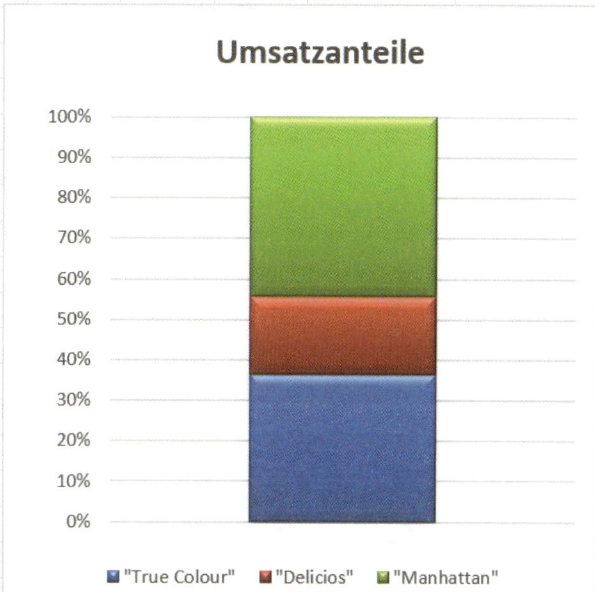

Der Lippenstift „Manhattan" hat trotz seines niedrigen Preises nicht nur den höchsten Absatz, sondern auch den größten Umsatzanteil. Der Lippenstift „Delicious" hat trotz des höchsten Preises den geringsten Umsatzanteil, da seine Absatzzahlen relativ niedrig sind.

Lösung Aufgabe 14: Überstundenstatistik

Lösungsdatei: **Aufgabe 14 (Lösung)**

Lösungsansicht:

Aufgabe 14

Überstundenstatistik Wohntal GmbH

Übersicht durchschnittliche Überstunden pro Mitarbeiter je Abteilung

	Allg. Verwaltung	Einkauf	Personal	Rechnungswesen	Vertrieb	Werbung	Monatsdurchschnitt
Januar	4,2	2,1	2,8	9,3	4,1	1,3	***4,0***
Februar	4,7	2,9	2,3	8,7	5,4	3,1	***4,5***
März	4,0	4,1	2,1	8,8	4,9	1,5	***4,2***
April	3,6	2,5	2,4	7,9	2,1	1,0	***3,3***
Mai	1,8	2,0	1,7	8,1	2,3	1,6	***2,9***
Juni	1,4	1,9	1,1	7,8	1,5	1,4	***2,5***
Juli	1,1	1,4	1,3	7,7	3,1	1,7	***2,7***
August	0,8	1,1	0,1	7,9	0,7	1,2	***2,0***
September	2,1	1,9	1,1	9,1	1,3	3,2	***3,1***
Oktober	2,0	2,1	2,0	9,6	3,2	2,2	***3,5***
November	1,4	2,8	1,7	10,3	2,2	2,9	***3,6***
Dezember	1,3	2,1	0,8	10,6	2,0	2,1	***3,2***
Abteilungsdurchschnitt	***2,4***	***2,2***	***1,6***	***8,8***	***2,7***	***1,9***	

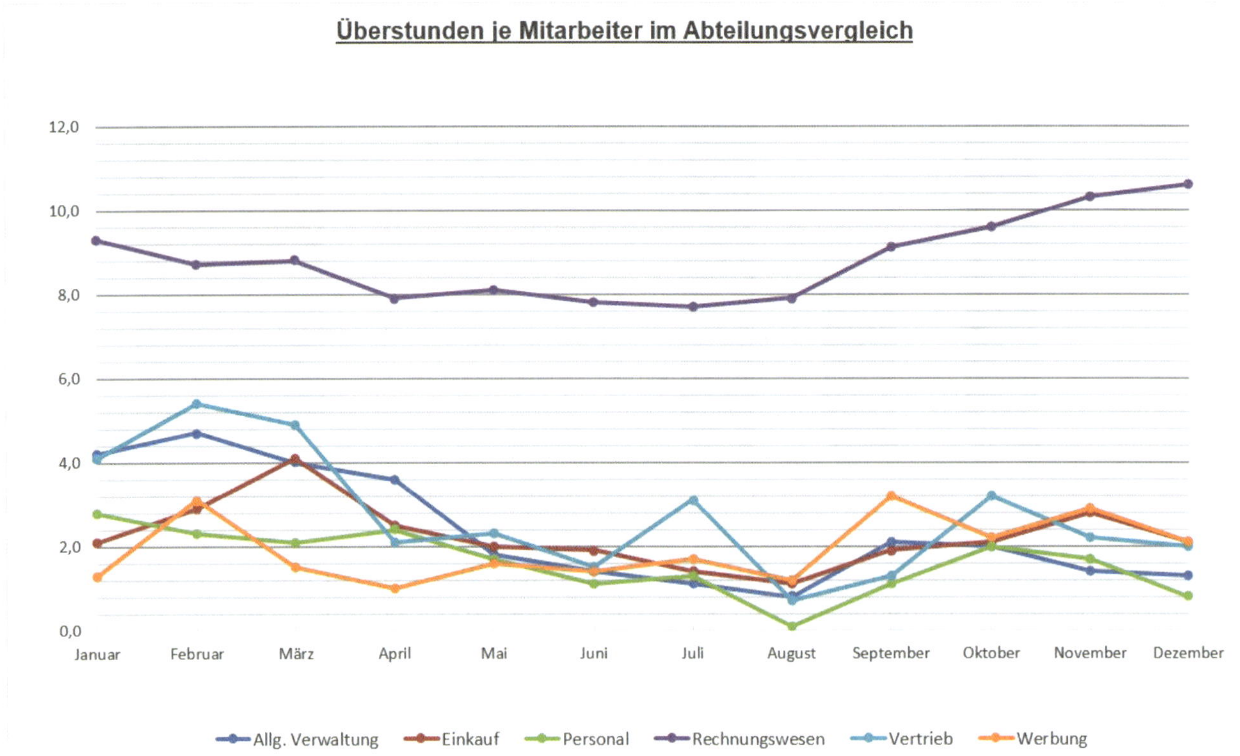

Sinnvoller ist es ggf., die Teilzeitkraft für die Abteilung Rechnungswesen einzustellen. Für die endgültige Entscheidung sollten jedoch auch noch die Abteilungsgrößen, also die Mitarbeiterzahlen der einzelnen Abteilungen in die Überlegungen mit einbezogen werden.

Als Möglichkeit zum Abbau von Überstunden kommen darüber hinaus die Optimierung der Arbeitsabläufe, der verstärkte Einsatz der EDV sowie das Auslagern von einzelnen Aufgabenbereichen (Outsourcing) in Frage.

Lösung Aufgabe 15: Veranstaltungsmanagement

Lösungsdatei: **Aufgabe 15 (Lösung)**

Lösungsansicht:

	A	B	C	D	E	F	G
1	**Aufgabe 15**						
2							
3	**Veranstaltungen im Konzertsaal**						
4							
5			**Preis pro**	**Karten**	**Verkaufte**	**Freie**	**Umsatz**
6			**Karte in EUR**	**gesamt**	**Karten**	**Plätze**	**in EUR**
7	**Montag**	*Klavierkonzert Nr.5 in Es-Dur*	45,00 €	1.500	945	555	42.525,00 €
8	**Dienstag**	*Sopranistin Henriette Kelch*	35,00 €	1.500	654	846	22.890,00 €
9	**Mittwoch**	*A tribute to George Gershwin*	40,00 €	2.500	2.500	0	100.000,00 €
10	**Donnerstag**	*Big Band "Swing time"*	45,00 €	2.000	1.879	121	84.555,00 €
11	**Freitag**	*Musical "Cats"*	65,00 €	2.500	2.176	324	141.440,00 €
12	**Samstag**	*Musical "Cats"*	65,00 €	2.500	2.370	130	154.050,00 €
13	**Sonntag**	*Jazztime*	25,00 €	1.500	1.341	159	33.525,00 €
14							
15	**Summen**			**14.000**	**11.865**	**2.135**	**578.985,00 €**

Die Kapazitätsauslastung dieser Woche liegt über den geforderten 80 %. Die wirtschaftliche Rentabilität ist somit gewährleistet. Es fällt jedoch auf, dass die Kapazitätsauslastung an den Wochentagen Montag und Dienstag deutlich abfällt.

Lösung Aufgabe 16: Betriebswirtschaftliche Kennzahlen

Lösungsdatei: **Aufgabe 16 (Lösung)**

Lösungsansicht:

	A	B	C
1	**Aufgabe 16**		
2			
3	**Betriebswirtschaftliche Kennzahlen**		
4			
5		**aktuelles Jahr**	**Vorjahr**
6	**Eigenkapital**	144.800,00 €	123.600,00 €
7	**Fremdkapital**	127.200,00 €	131.925,00 €
8	**Löhne und Gehälter**	352.946,00 €	332.790,00 €
9	**Mietaufwendungen**	21.350,00 €	25.690,00 €
10	**Fremdkapitalzinsen**	32.800,00 €	34.000,00 €
11	**Gewinn**	21.935,00 €	13.287,00 €
12	**Umsatz**	1.126.791,00 €	1.000.716,00 €
13			
14			
15	**Eigenkapitalrentabilität:**	***15,15%***	***10,75%***
16	**Eigenkapitalquote:**	***53,24%***	***48,37%***
17	**Umsatzrentabilität:**	***1,95%***	***1,33%***
18			
19	**Prozentuale Veränderung zum Vorjahr:**		
20			
21	**Eigenkapitalrentabilität:**	***40,92%***	
22	**Eigenkapitalquote:**	***10,06%***	
23	**Umsatzrentabilität:**	***46,61%***	
24–38			

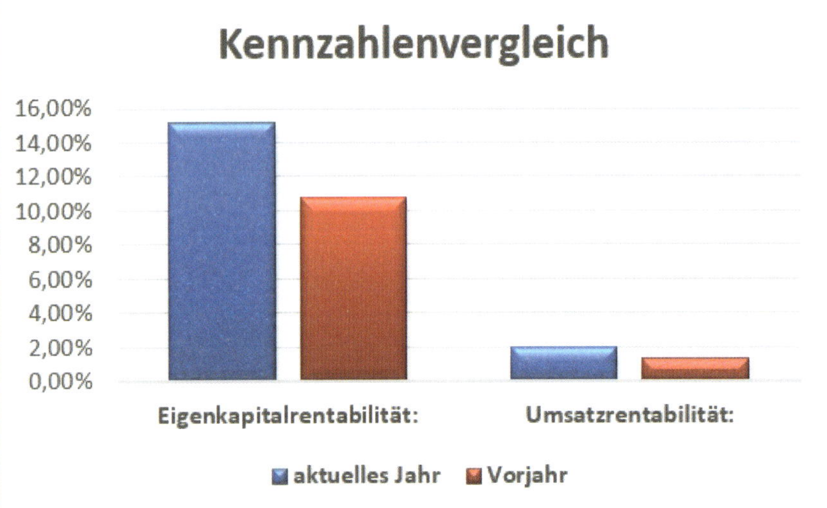

Das Unternehmen hat sich insgesamt sehr positiv entwickelt. Die Eigenkapitalrentabilität und die Umsatzrentabilität haben sich deutlich, die Eigenkapitalquote zumindest geringfügig verbessert.

Lösung Aufgabe 17: Filialumsätze

Lösungsdatei: **Aufgabe 17 (Lösung)**

Lösungsansicht:

	A	B	C	D	E	F	G
1	**Aufgabe 17**						
2							
3	**Filialumsätze**						
4							
5		1. Quartal	2. Quartal	3. Quartal	4. Quartal	Summe	%
6	Filiale 1	11.967,00 €	8.364,00 €	14.489,00 €	20.989,00 €	55.809,00 €	18,7%
7	Filiale 2	6.749,00 €	7.902,00 €	8.898,00 €	9.789,00 €	33.338,00 €	11,2%
8	Filiale 3	21.497,00 €	18.702,00 €	17.509,00 €	14.993,00 €	72.701,00 €	24,4%
9	Filiale 4	19.789,00 €	21.649,00 €	21.411,00 €	23.401,00 €	86.250,00 €	28,9%
10	Filiale 5	8.894,00 €	12.092,00 €	15.003,00 €	13.406,00 €	49.395,00 €	16,6%
11							
12	Gesamt	68.896,00 €	68.709,00 €	77.310,00 €	82.578,00 €	297.493,00 €	
13							
14	Veränderung EUR		-187,00 €	8.601,00 €	5.268,00 €		
15	in %		-0,27%	12,52%	6,81%		
16							
17	Durchschnitt	13.779,20 €	13.741,80 €	15.462,00 €	16.515,60 €	59.498,60 €	
18	Maximum	21.497,00 €	21.649,00 €	21.411,00 €	23.401,00 €	87.958,00 €	
19	Minimum	6.749,00 €	7.902,00 €	8.898,00 €	9.789,00 €	33.338,00 €	

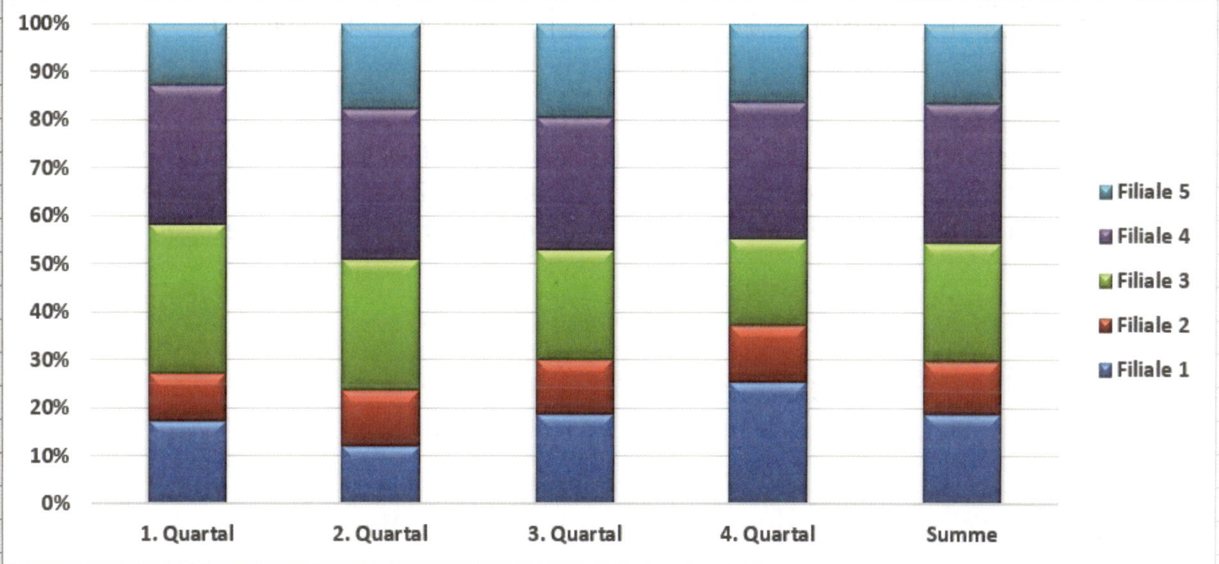

Über das gesamte Jahr gesehen ist der Umsatzanteil der Filiale 3 mit 24,4 % der zweitgrößte Umsatzanteil aller Filialen. Bei Betrachtung der einzelnen Quartale fällt jedoch auf, dass der Umsatz von Quartal zu Quartal kontinuierlich abgenommen hat.

Lösungshinweis:

Die Werte in der Spalte G sind auf drei Nachkommastellen abzurunden, um ganze Prozentzahlen zu erhalten, da es sich um Prozentzahlen, also Hundertstel handelt. Die Prozentzahl 18,7 % entspricht dem Wert 0,187. Folglich lautet die Funktion für die Zeile G6: =ABRUNDEN(F6/$F$12;3).

Lösung Aufgabe 18: Angebotsvergleich

Lösungsdatei: **Aufgabe 18 (Lösung)**

Lösungsansicht:

	A	B	C	D	E	F
1	**Aufgabe 18**					
2						
3			**Angebotsvergleich**			
4						
5	***Angebote***	***MGS GmbH***	***VMR-Tech GmbH***	***Rad-Held OHG***	***Spitzer & Co. KG***	***CLS AG***
6						
7	***Listenpreis***	180,00	210,00	190,00	200,00	220,00
8	***Rabatt***	5,00%	0,00%	3,00%	10,00%	4,00%
9	***- Rabattbetrag***	9,00	0,00	5,70	20,00	8,80
10						
11	***Zieleinkaufspreis***	171,00	210,00	184,30	180,00	211,20
12	***Skonto***	2,00%	3,00%	3,00%	3,00%	2,00%
13	***- Skontobetrag***	3,42	6,30	5,53	5,40	4,22
14						
15	***Bareinkaufspreis***	167,58	203,70	178,77	174,60	206,98
16	***+ Anfuhr***	0,40	0,00	0,30	0,00	0,27
17	***+ Verladen***	0,75	0,65	0,45	0,55	0,65
18	***+ Fracht***	2,50	2,90	0,00	1,20	1,95
19						
20	***Bezugspreis***	171,23	207,25	179,52	176,35	209,85
21						
22	**Bewertung**	***günstig***	***teuer***	***günstig***	***günstig***	***teuer***

Das günstigste Angebot ist das Angebot der MSG GmbH. Neben dem Bezugspreis sollte die Lieferungs- und Zahlungsbedingungen, der Service, die Zuverlässigkeit des Lieferanten und nicht zuletzt die Qualität des Produktes als Entscheidungskriterien herangezogen werden.

Lösung Aufgabe 19: ABC-Analyse

Lösungsdatei: **Aufgabe 19 (Lösung)**

Lösungsansicht:

	A	B	C	D	E	F	G	H	I
1	**Aufgabe 19**								
2									
3	**ABC-Analyse Bürobedarf Müngsten GmbH**								
4									
5									
6	**Art.Nr.**	**EK-Preis**	**Bestellmenge pro Jahr**	**Anzahl der Best. pro Jahr**	**Wert pro Bestellung**	**Wert insges.**	**% vom Gesamtwert**	**kumulierte %-Anteile**	**Gruppe A/B/C**
7	39013	58,90 €	58.000	8	427.025,00 €	3.416.200,00 €	37,8%	37,8%	A
8	39015	34,50 €	61.500	12	176.812,50 €	2.121.750,00 €	23,5%	61,3%	A
9	39017	19,90 €	50.400	6	167.160,00 €	1.002.960,00 €	11,1%	72,4%	A
10	39012	17,90 €	38.000	16	42.512,50 €	680.200,00 €	7,5%	79,9%	A
11	39021	17,95 €	28.900	16	32.422,19 €	518.755,00 €	5,7%	85,7%	B
12	39016	12,50 €	28.000	14	25.000,00 €	350.000,00 €	3,9%	89,5%	B
13	39018	4,20 €	72.000	24	12.600,00 €	302.400,00 €	3,3%	92,9%	B
14	39019	7,90 €	33.600	12	22.120,00 €	265.440,00 €	2,9%	95,8%	C
15	39020	1,25 €	184.000	24	9.583,33 €	230.000,00 €	2,5%	98,4%	C
16	39014	1,85 €	79.600	24	6.135,83 €	147.260,00 €	1,6%	100,0%	C
17									
18	Summe:					9.034.965,00 €	100,0%		

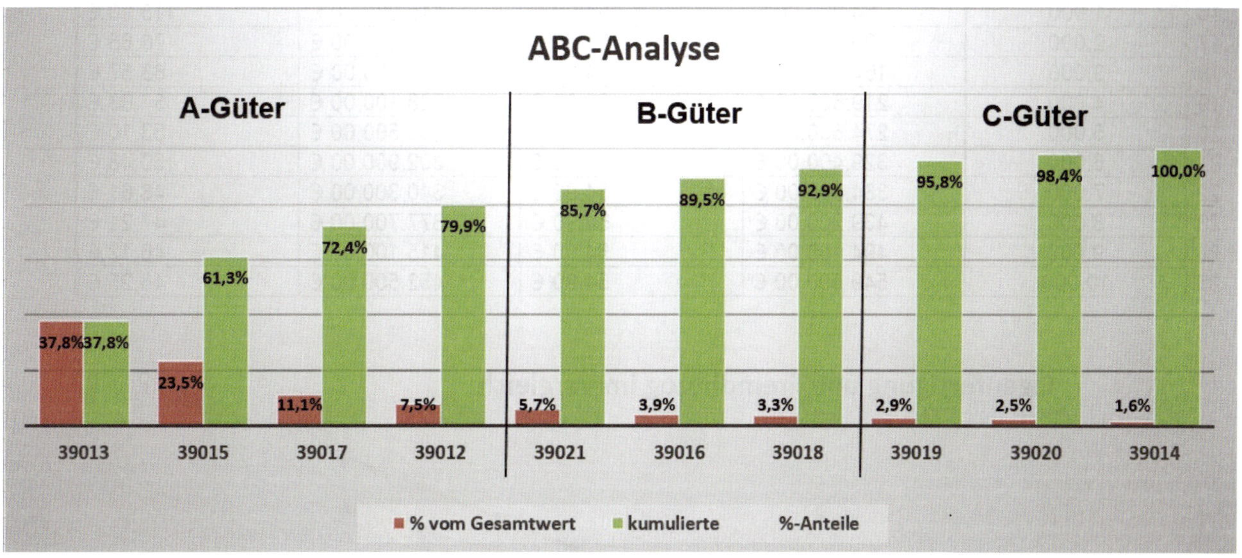

Aufgrund ihrer großen wirtschaftlichen Bedeutung wurden die A-Güter zum Teil wahrscheinlich schon bisher sorgfältig ausgewählt und eingehend geprüft. Durch große Bestellmengen können die Bestellkosten gesenkt werden. Dies fällt bei den A-Gütern durch ihren hohen Wertanteil insgesamt besonders ins Gewicht. Bei den Artikeln Nr. 39015 und 39012 ist hier ggf. noch Optimierungspotential. Zu beachten ist dennoch, dass große Bestellungen zwar die Bestellkosten senken, gleichzeitig aber ggf. auch höhere Lagerkosten in Kauf genommen werden müssen.

Für die C-Güter kann die Beschaffung durch langfristige Lieferverträge, selteneren Lieferantenvergleich und ggf. auch Abstrichen bei der Qualitätsprüfung vereinfacht werden. Problematisch könnte dabei sein, dass im Einzelfall auch C-Güter mit geringem Einkaufswert die Qualität eines Fertigproduktes von großer Bedeutung sein können.

Lösung Aufgabe 20: Eigenfertigung oder Fremdbezug

Lösungsdatei: Aufgabe 20 (Lösung)

Lösungsansicht:

	A	B	C	D	E
1	**Aufgabe 20**				
2					
3	**Eigenfertigung oder Fremdbezug**				
4					
5	Intervall: 1.000 Stück				
6					
7	***Fremdbezug***		***Eigenfertigung***		
8	Bezugspreis je Stück:	54,90 €	Materialkosten je Stück.:	7,90 €	
9			Fertigungskosten je Stück.:	29,50 €	
10			Fixkosten:	78.500,00 €	
11					
12					
13	**Menge**	***Fremdbezug***		***Eigenfertigung***	
14		**Gesamt-kosten**	**Stück-kosten**	**Gesamt-kosten**	**Stück-kosten**
15	**x**	**K_F**	**k_F**	**K_E**	**k_E**
16	1.000	54.900,00 €	54,90 €	115.900,00 €	115,90 €
17	2.000	109.800,00 €	54,90 €	153.300,00 €	76,65 €
18	3.000	164.700,00 €	54,90 €	190.700,00 €	63,57 €
19	4.000	219.600,00 €	54,90 €	228.100,00 €	57,03 €
20	5.000	274.500,00 €	54,90 €	265.500,00 €	53,10 €
21	6.000	329.400,00 €	54,90 €	302.900,00 €	50,48 €
22	7.000	384.300,00 €	54,90 €	340.300,00 €	48,61 €
23	8.000	439.200,00 €	54,90 €	377.700,00 €	47,21 €
24	9.000	494.100,00 €	54,90 €	415.100,00 €	46,12 €
25	10.000	549.000,00 €	54,90 €	452.500,00 €	45,25 €

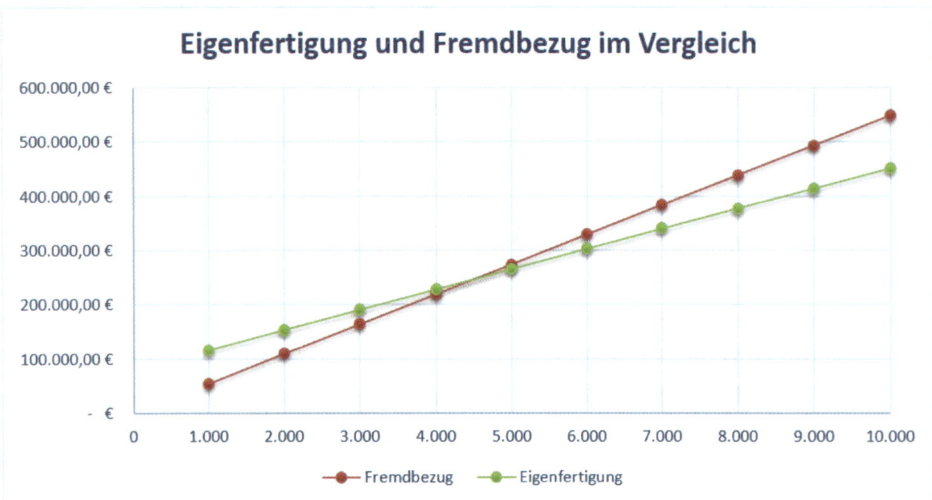

Bei einer benötigten Stückzahl von 7000 Stück lohnt es sich, die Kunststoffteile selbst zu fertigen, da dies zu deutlich niedrigeren Stückkosten möglich ist.

Der Schnittpunkt im Diagramm kennzeichnet die Menge, bei der die Kosten für den Fremdbezug und die Eigenfertigung identisch sind („kritische Menge").

Lösung Aufgabe 21: Handelskalkulation

Lösungsdatei: **Aufgabe 21 (Lösung)**

Lösungsansicht:

	A	B	C	D
1	**Aufgabe 21**			
2				
3	**Handelskalkulation**			
4				
5		**Eingabe in %**	**Eingabe in €**	**Betrag in €**
6	**Listeneinkaufspreis**			289,00 €
7	- Liefererrabatt	15 %		43,35 €
8	Zieleinkaufspreis			245,65 €
9	- Liefererskonto	2 %		4,91 €
10	Bareinkaufspreis			240,74 €
11	+ Bezugskosten		10,50 €	10,50 €
12	Bezugs- bzw. Einstandspreis			251,24 €
13	+ Handlungskosten	18 %		45,22 €
14	Selbstkosten			296,46 €
15	+ Gewinn	21 %		62,26 €
16	Barverkaufspreis			358,72 €
17	+ Kundenskonto	2 %		7,55 €
18	+ Vertreterprovision	3 %		11,33 €
19	Zielverkaufspreis			377,60 €
20	+ Kundenrabatt	10 %		41,96 €
21	Listenverkaufspreis bzw Nettopreis			419,55 €
22	+ Umsatzsteuer	19 %		79,71 €
23	**Bruttoverkaufspreis**			499,27 €

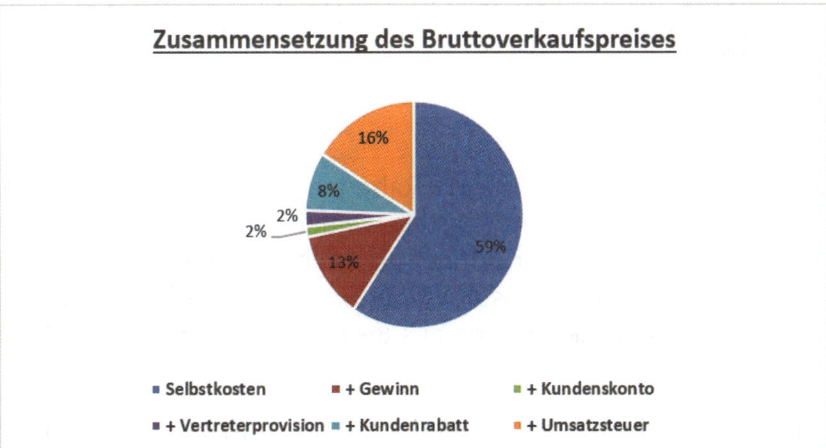

Zu den Handlungskosten zählen u. a. die Lagerkosten (Gehälter, Löhne, Lagerzinsen, Abschreibungen), die Verkaufskosten (Gehälter, Ausgangsfrachten, Werbekosten) und die allgemeinen Verwaltungskosten (Gehälter, Raumkosten).

Der Kundenskonto muss in einer Im-Hundert-Rechnung berücksichtigt werden, da der Kunde Skonto von „seinem" Zieleinkaufspreis (= Zielverkaufspreis in der Verkaufskalkulation) abzieht. Der Kundenrabatt muss wie der Kundenskonto ebenfalls in einer Im-Hundert-Rechnung berücksichtigt werden, da der Kunde den Kundenrabatt von seinem Listeneinkaufspreis (= Listenverkaufspreis des Verkäufers) berechnet. D. h. bei einem Rabatt von 10 % entspricht der Zielverkaufspreis 90 % und der Listenverkaufspreis 100 %.

Lösung Aufgabe 22: Optimale Bestellmenge

Lösungsdatei: **Aufgabe 22 (Lösung)**

Lösungsansicht:

Aufgabe 22

Optimale Bestellmenge

Jährliche Beschaffungsmenge:	15.000
Kosten je Bestellung:	30,00 €
Lagerhaltungskostensatz:	6,5%
EP je VE (bei < 5.000 VE):	6,50 €
EP je VE (ab 5.000 VE):	6,40 €
EP je VE (ab 10.000 VE):	6,30 €

Bestell-häufigkeit	Bestellmenge VE	Durchschnittl. Lagerbestand in €	Lagerhaltungs-kosten pro Jahr in €	Bestellkosten pro Jahr in €	Beschaffungs-kosten pro Jahr in €
1	15.000	47.250,00	3.071,25	30,00	3.101,25
2	7.500	24.000,00	1.560,00	60,00	1.620,00
3	5.000	16.000,00	1.040,00	90,00	1.130,00
4	3.750	12.187,50	792,19	120,00	912,19
5	3.000	9.750,00	633,75	150,00	783,75
6	2.500	8.125,00	528,13	180,00	708,13
7	2.143	6.964,29	452,68	210,00	662,68
8	1.875	6.093,75	396,09	240,00	636,09
9	1.667	5.416,67	352,08	270,00	622,08
10	1.500	4.875,00	316,88	300,00	616,88
11	1.364	4.431,82	288,07	330,00	618,07
12	1.250	4.062,50	264,06	360,00	624,06

Große Bestellmengen ermöglichen die Verwirklichung von Rabatten und damit günstigere Einstandspreise sowie niedrigere Bestellkosten, da seltener bestellt werden muss. Je häufiger bestellt wird, umso höher sind die Bestellkosten und umso niedriger die Lagerhaltungskosten. Bei einer geringeren Bestellhäufigkeit sind die Lagerhaltungskosten höher und die Bestellkosten niedriger. Die optimale Bestellmenge ist erreicht, wenn die Summe aus Bestell- und Lagerhaltungskosten am geringsten ist.

Die bisherige Praxis, den gesamten Jahresbedarf auf einmal zu bestellen, ist wirtschaftlich nicht vernünftig. Die günstigsten Beschaffungskosten (Summe aus Lagerhaltungskosten und Bestellkosten) ergeben sich im vorliegenden Fall bei 10 Bestellungen pro Jahr. Die optimale Bestellmenge beträgt also 1500 Stück.

Lösung Aufgabe 23: Personalleasing

Lösungsdatei: **Aufgabe 23 (Lösung)**

Lösungsansicht:

	A	B	C	D	E	F
1	**Aufgabe 23**					
2						
3		**Kostenvergleich: Eigenes Personal oder Zeitpersonal**				
4						
5	**Alternative 1: Befristete Neueinstellung**				**Alternative 2: Personalleasing**	
6						
7		*Beitragssatz*	pro Jahr			
8	Bruttogehalt	3.190,00	38.280,00		Arbeitsstunden pro Jahr:	1.800
9	Weihnachtsgeld		1.800,00		Kosten pro Arbeitsstunde:	29,50
10	Soz.vers.pfl. Gehalt		40.080,00			
11	RV	18,70%	3.747,48		**Gesamtkosten:**	**53.100,00**
12	ALV	3,00%	601,20			
13	KV	14,60%	2.925,84			
14	PV	2,55%	511,02			
15	Kosten der					
16	Personalbesch. (einmalig)		2.000,00			
17						
18	**Gesamtkosten:**		**49.865,54**			
19						
20		**Fazit:** Die befristete Neueinstellung ist die günstigere Alternative!				

Beim Personalleasing fallen keine Ausfallzeiten durch Krankheit und auch keine Lohnfortzahlung im Krankheitsfall an, da dieses Risiko von der Zeitarbeitsfirma getragen wird. Der geleaste Mitarbeiter kann leichter ausgewechselt werden, z. B. wenn er mit seinen Aufgaben überfordert ist. Die Laufzeit des Zeitarbeitsverhältnisses ist sehr flexibel regelbar (z. B. Verkürzung auf 1/2 Jahr, ggf. auch Verlängerung).

Lösung Aufgabe 24: Abschreibungen

Lösungsdatei: **Aufgabe 24 (Lösung)**

Lösungsansicht:

Aufgabe 24

Vergleich der Abschreibungsmethoden

a) Abschreibung nach Leistungseinheiten (Maschinenlaufstunden)

Jahr	Anfangswert	Abschreibungsbetrag	kumulierte Abschreibungen	Restwert
1	374.960,00 €	70.417,42 €	70.417,42 €	304.542,58 €
2	304.542,58 €	69.488,11 €	139.905,53 €	235.054,47 €
3	235.054,47 €	40.829,51 €	180.735,04 €	194.224,96 €
4	194.224,96 €	43.872,24 €	224.607,28 €	150.352,72 €
5	150.352,72 €	35.328,62 €	259.935,89 €	115.024,11 €
6	115.024,11 €	47.559,49 €	307.495,38 €	67.464,62 €
7	67.464,62 €	32.660,61 €	340.155,99 €	34.804,01 €
8	34.804,01 €	34.804,01 €	374.960,00 €	- €

Betriebs-stunden
4.698
4.636
2.724
2.927
2.357
3.173
2.179
2.322
25.016

b) Lineare Methode

Jahr	Anfangswert	Abschreibungsbetrag	kumulierte Abschreibungen	Restwert
1	374.960,00 €	46.870,00 €	46.870,00 €	328.090,00 €
2	328.090,00 €	46.870,00 €	93.740,00 €	281.220,00 €
3	281.220,00 €	46.870,00 €	140.610,00 €	234.350,00 €
4	234.350,00 €	46.870,00 €	187.480,00 €	187.480,00 €
5	187.480,00 €	46.870,00 €	234.350,00 €	140.610,00 €
6	140.610,00 €	46.870,00 €	281.220,00 €	93.740,00 €
7	93.740,00 €	46.870,00 €	328.090,00 €	46.870,00 €
8	46.870,00 €	46.870,00 €	374.960,00 €	- €

c) Geometrisch-degressive Methode

Jahr	Anfangswert	Abschreibungsbetrag	kumulierte Abschreibungen	Restwert
1	374.960,00 €	112.488,00 €	112.488,00 €	262.472,00 €
2	262.472,00 €	78.741,60 €	191.229,60 €	183.730,40 €
3	183.730,40 €	55.119,12 €	246.348,72 €	128.611,28 €
4	128.611,28 €	38.583,38 €	284.932,10 €	90.027,90 €
5	90.027,90 €	27.008,37 €	311.940,47 €	63.019,53 €
6	63.019,53 €	18.905,86 €	330.846,33 €	44.113,67 €
7	44.113,67 €	13.234,10 €	344.080,43 €	30.879,57 €
8	30.879,57 €	9.263,87 €	353.344,30 €	21.615,70 €

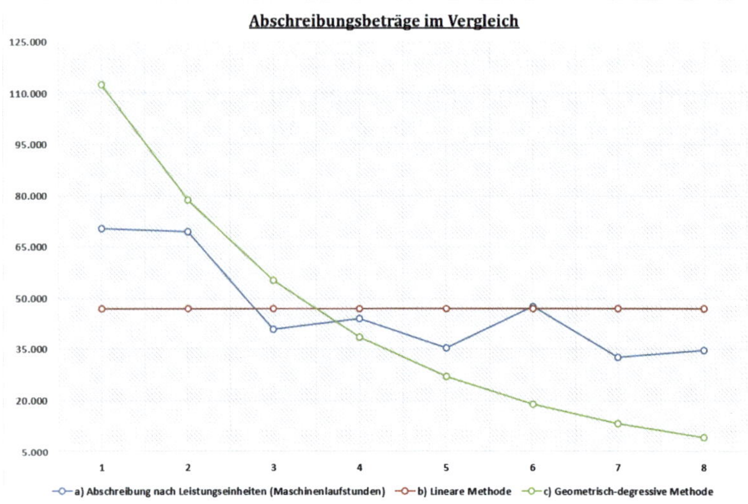

Bei der Abschreibung nach Leistungseinheiten können die Abschreibungsbeträge je nach Anzahl der Maschinenlaufstunden stark schwanken. Bei der linearen Abschreibung sind die Abschreibungsbeträge über die Jahre gleichbleibend, während die degressiven Abschreibungsbeträge von Jahr zu Jahr abnehmen. Die leistungsbezogene Abschreibung spiegelt die tatsächliche Wertminderung am genauesten wider. Die degressive Abschreibung ermöglicht es durch die hohen Abschreibungsbeträge der ersten Jahre am besten, bei einer guten Gewinnsituation Steuern zu sparen. Bei der linearen Abschreibung sind die AfA-Beträge leicht zu berechnen und bleiben über den gesamten Abschreibungszeitraum konstant.

Lösung Aufgabe 25: Gewinnverteilung

Lösungsdatei: **Aufgabe 25 (Lösung)**

Lösungsansicht:

	A	B	C	D	E	F	G
1	**Aufgabe 25**						
2							
3	**Gewinnverteilung bei der Radmarkt Reif KG**						
4							
5							
6	**Gewinn:**	73.290,00		Kapitalverzinsung:	4,0%		
7							
8/9	**Gesellschafter**		**Kapital**	**Verzinsung**	**Verteilung Restgewinn**	**Restgewinn**	**Gesamtgewinn**
10	Komplementär Werner Reif		30.000,00	1.200,00	4	25.560,00	26.760,00
11	Komplementärin Petra Reif		20.000,00	800,00	4	25.560,00	26.360,00
12	Kommanditistin Sabine Reif		15.000,00	600,00	2	12.780,00	13.380,00
13	Kommanditist Dirk König		10.000,00	400,00	1	6.390,00	6.790,00
14	Summe		75.000,00	3.000,00		70.290,00	73.290,00

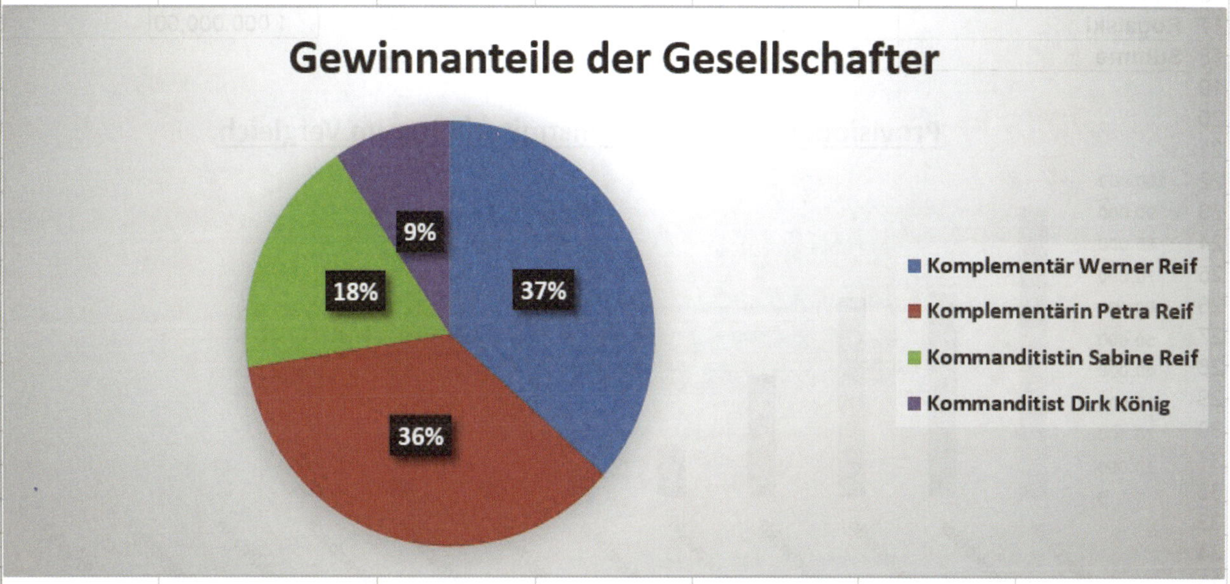

Komplementäre haften als sog. „Vollhafter" auch mit ihrem Privatvermögen, während die Haftung der Kommanditisten auf ihre Kapitaleinlage beschränkt bleibt („Teilhafter"). Die Geschäftsführung und Vertretung der KG liegt in den Händen der Komplementäre. Die Kommanditisten haben lediglich gewisse Kontrollrechte und ein Widerspruchsrecht bei außergewöhnlichen Rechtsgeschäften.

Aufgrund des deutlich stärkeren Engagements für das Unternehmen (ausgeweitete Haftung, Geschäftsführung und Vertretung) ist es gerechtfertigt, dass die Komplementäre vom Restgewinn stärker profitieren als die Kommanditisten.

Lösung Aufgabe 26: Provisionsberechnung

Lösungsdatei: Aufgabe 26 (Lösung)

Lösungsansicht:

Aufgabe 26

Provisionsberechnung

Außendienstmitarbeiter	Umsatz	Provisionssatz	Provision
Martinek	1.155.247,00	8%	92.419,76
Backenköhler	929.452,00	7%	65.061,64
Lewandowski	905.075,00	7%	63.355,25
Hammerschmidt	780.927,00	5%	39.046,35
Dombrowski	421.098,00	4%	16.843,92
Aumüller	360.571,00	2%	7.211,42
Nerlinger	302.048,00	2%	6.040,96
Friedrichsen	275.957,00	2%	5.519,14
Kaltenbach	240.504,00	2%	4.810,08
Dahlmann	129.452,00	1%	1.294,52
Baumgartner	92.950,00	0%	0,00
Rogalski	44.102,00	0%	0,00
Summe	5.637.383,00		301.603,04

Provisionstabelle	
Umsatz	Provisionssatz
0,00	0%
100.000,00	1%
200.000,00	2%
300.000,00	2%
400.000,00	4%
500.000,00	4%
600.000,00	5%
700.000,00	5%
800.000,00	6%
900.000,00	7%
1.000.000,00	8%

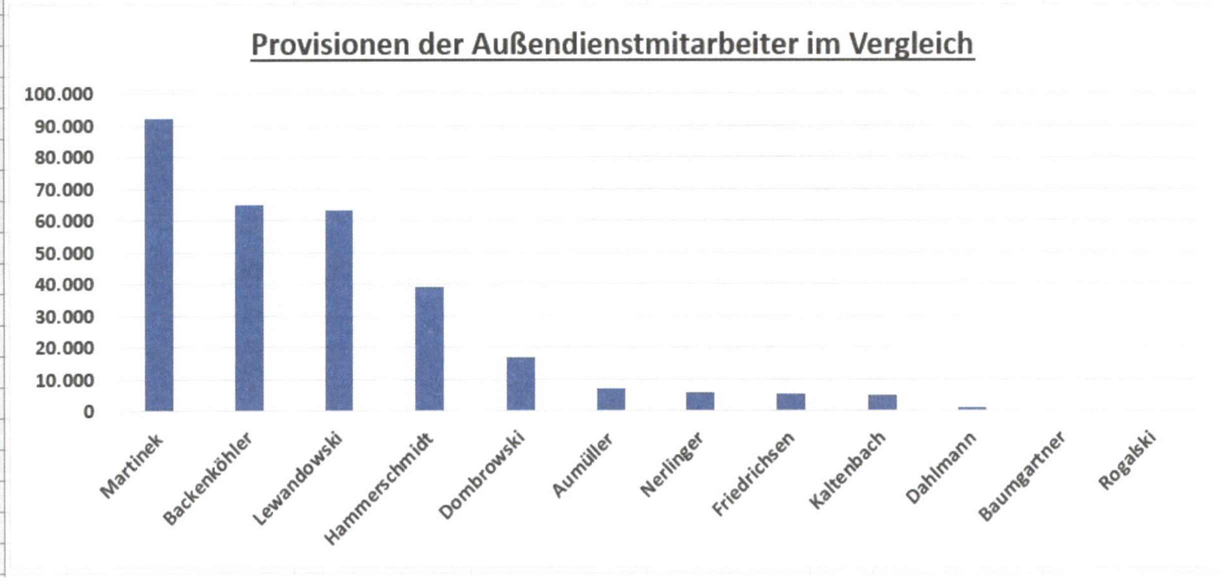

Die extremen Unterschiede bei den Provisionszahlungen kommen zunächst einmal durch die recht großen Differenzen bei den erzielten Umsatzzahlen zustande. Hinzu kommen hier jedoch die mit wachsendem Umsatz steigenden Provisionssätze. So erhält der Außendienstmitarbeiter Martinek einen Provisionssatz von 8 %, während beispielsweise der Außendienstmitarbeiter Dahlmann mit 1 % vorlieb nehmen muss. Da sie weniger als 100000 € Umsatz haben, müssen Baumgartner und Rogalski sogar vollständig auf eine Provision verzichten.

Lösung Aufgabe 27: Break-even-Analyse

Lösungsdatei: **Aufgabe 27 (Lösung)**

Lösungsansicht:

	A	B	C	D	E	F
1	**Aufgabe 27**					
2						
3			**Break-even-Analyse**			
4						
5	Produktionsmenge Januar:		620	Gesamtkosten Januar:		40.179,00 €
6	Produktionsmenge Februar:		370	Gesamtkosten Februar:		34.041,50 €
7	Variable Stückkosten		24,55 €	Fixe Kosten		24.958,00 €
8	Verkaufserlös je Stück		59,85 €	Intervall	100	Stück
9						
10	**Menge**	**Fixe Kosten**	**Var. Kosten**	**Ges. Kosten**	**Erlöse**	**Gew./Verl.**
11	**X**	**Kf**	**Kv**	**K**	**E**	**G**
12	0	24.958,00 €	0,00 €	24.958,00 €	0,00 €	-24.958,00 €
13	100	24.958,00 €	2.455,00 €	27.413,00 €	5.985,00 €	-21.428,00 €
14	200	24.958,00 €	4.910,00 €	29.868,00 €	11.970,00 €	-17.898,00 €
15	300	24.958,00 €	7.365,00 €	32.323,00 €	17.955,00 €	-14.368,00 €
16	400	24.958,00 €	9.820,00 €	34.778,00 €	23.940,00 €	-10.838,00 €
17	500	24.958,00 €	12.275,00 €	37.233,00 €	29.925,00 €	-7.308,00 €
18	600	24.958,00 €	14.730,00 €	39.688,00 €	35.910,00 €	-3.778,00 €
19	700	24.958,00 €	17.185,00 €	42.143,00 €	41.895,00 €	-248,00 €
20	800	24.958,00 €	19.640,00 €	44.598,00 €	47.880,00 €	3.282,00 €
21	900	24.958,00 €	22.095,00 €	47.053,00 €	53.865,00 €	6.812,00 €
22	1.000	24.958,00 €	24.550,00 €	49.508,00 €	59.850,00 €	10.342,00 €
23						
24	***Break-even-Point:***		***707***			

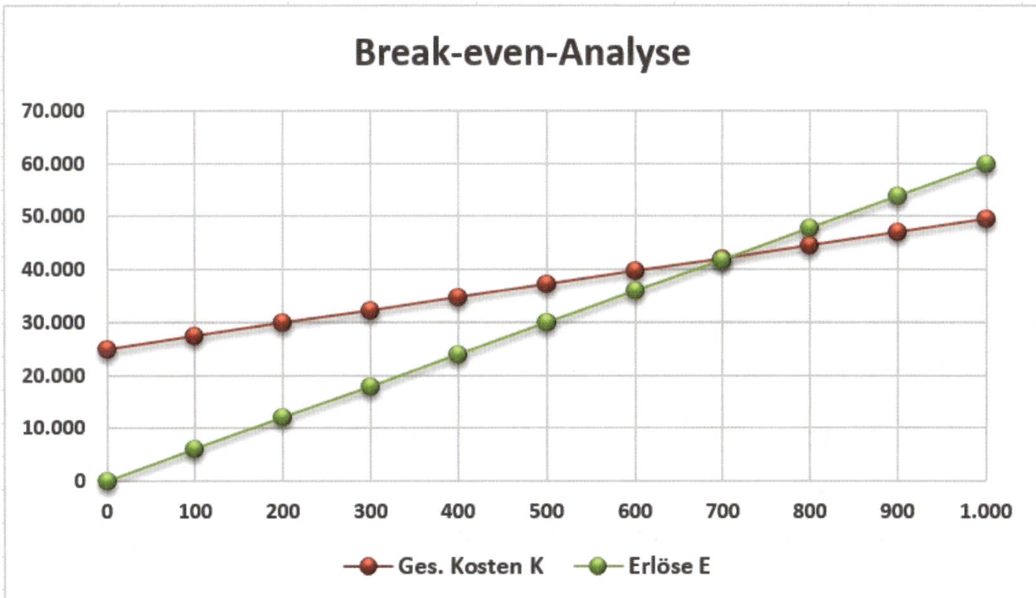

Bei den genannten Stückzahlen kann das Unternehmen nicht wirtschaftlich arbeiten und wird weiter Verluste machen, da die Produktionsmenge deutlich unter dem Break-even-Point liegt. Das Unternehmen braucht dringend zusätzliche Aufträge oder es muss Kapazitäten abbauen, um die Fixkosten zu senken. Der Break-even-Point befindet sich im Schnittpunkt von Gesamtkostenkurve und Erlöskurve.

Lösung Aufgabe 28: Zahlungseingangskontrolle

Lösungsdatei: **Aufgabe 28 (Lösung)**

Lösungsansicht:

Aufgabe 28

Zahlungseingangskontrolle

Rechnungs-nummer	Kunden-nummer	Betrag	Fälligkeits-datum	Überprüfungs-datum	Mahnstufe	Verzugs-zinsen	Gesamt-betrag
62807	24009	3.469,90 €	24.11.2017	28.02.2018	3. Mahnung	64,77 €	3.534,67 €
62834	24002	1.407,13 €	13.12.2017	28.02.2018	3. Mahnung	21,07 €	1.428,20 €
62945	24003	2.698,48 €	14.01.2018	28.02.2018	2. Mahnung	16,87 €	2.715,35 €
62948	24008	8.745,43 €	13.02.2018	28.02.2018	1. Mahnung	10,93 €	8.756,36 €
62951	24004	7.834,34 €	23.02.2018	28.02.2018	keine	- €	7.834,34 €

Verzugszinsen-Staffelung	
Mahnstufe	**Zinssatz (%)**
1. Mahnung	3
2. Mahnung	5
3. Mahnung	7

Neben dem Schreiben von Mahnungen bleibt der Bürobedarf Müngsten GmbH die Möglichkeit, ein Inkasso-Institut mit dem Eintreiben der offenen Forderungen zu beauftragen oder durch die Beantragung eines Mahnbescheids beim zuständigen Amtsgericht das gerichtliche Mahnverfahren einzuleiten. Letzteres kann bis zur Zwangsvollstreckung (Pfändung) durch den Gerichtsvollzieher führen.

Als mögliche Maßnahme im Vorfeld sind z. B. die Bonitätsprüfung bei Neukunden oder Eigentumsvorbehalt bis zur vollständigen Bezahlung der Ware zu nennnen.

Lösungshinweise:

Die Ergebnisse der Spalten F und G können mit einer doppelt verschachtelten WENN-Funktion und einem in die WENN-Funktion integrierten SVERWEIS ermittelt werden. Bedenken Sie außerdem, dass Excel auch mit den als Datum formatierten Zellen rechnen kann. So ergibt z. B. die Rechnung E6-D6 die Anzahl der Tage, die das Fälligkeitsdatum überschritten haben.

Die Ermittlung der **Mahnstufe** in Zelle **F6** ergibt sich aus:

=WENN(E6-D6>=50;“3. Mahnung“;WENN(E6-D6>=30; „2. Mahnung“;WENN(E6-D6>=12; „1. Mahnung“;“keine“)))

Die **Verzugszinsen** in der Zelle **G6** ergeben sich folgerichtig aus:

=C6*WENN(F6=“keine“;0;SVERWEIS(F6;$A$15:$B$17;2)*0,01*(E6-D6)/360)

Lösung Aufgabe 29: Outsourcing

Lösungsdatei: **Aufgabe 29 (Lösung)**

Lösungsansicht:

Aufgabe 29

Jährliche Kostenersparnis durch Outsourcing

Vertriebs-zentren	Anzahl der Pakete	Kosten des eigenen Zustelldienstes	SCL Systems AG	KHM Logistics GmbH	Riedl & Partner KG	günstigste Versandkosten	preisgünstigste Lösung
Augsburg	1.556.423	6.537.153,00 €	5.603.122,80 €	5.836.586,25 €	5.914.407,40 €	5.603.122,80 €	*SCL Systems AG*
Bonn	2.345.457	10.471.506,20 €	7.740.008,10 €	6.919.098,15 €	6.801.825,30 €	6.801.825,30 €	*Riedl & Partner KG*
Bremen	1.350.167	5.234.962,20 €	4.725.584,50 €	4.523.059,45 €	4.725.584,50 €	4.523.059,45 €	*KHM Logistics GmbH*
Halle	1.985.463	6.353.481,60 €	5.658.569,55 €	5.956.389,00 €	5.757.842,70 €	5.658.569,55 €	*SCL Systems AG*
Summe	7.237.510	28.597.103,00 €			Summe	22.586.577,10 €	
					Einsparung in €	6.010.525,90 €	
					Einsparung in %	21,0%	

Angebote der Logistikdienstleister für die einzelnen Vertriebsgebiete

Vertriebs-zentren	Kosten je Paket		
	SCL Systems AG	KHM Logistics GmbH	Riedl & Partner KG
Augsburg	3,60 €	3,75 €	3,80 €
Bonn	3,30 €	2,95 €	2,90 €
Bremen	3,50 €	3,35 €	3,50 €
Halle	2,85 €	3,00 €	2,90 €

Die Nutzung von externen Logistikdienstleistern bringt eine Kosteneinsparung von 21 %. Ein weiterer Vorteil des Outsourcing ist die größere Flexibilität beim Einsatz der Arbeitskräfte aufgrund der fehlenden Kündigungsfristen. Outsourcing führt zu einem Abbau von Personalkapazitäten und damit von Fixkosten und ermöglicht eine stärkere Konzentration auf das Kerngeschäft. Grundsätzlich mögliche Gefahren des Outsourcing liegen in dem Verlust von wertvollem Know-how oder in einer Abhängigkeit vom Outsourcing-Anbieter. Diese Gefahren sind jedoch beim Outsourcing der Zustellung eher nicht zu befürchten.

Lösungshinweise:

Zelle D6: =SVERWEIS(A6;$A$18:$D$21;2);2)*B6; alternativ auch ohne SVERWEIS möglich: = B18*B6

Zelle G6: =MIN(D6:F6)

Zelle H6: =WENN(G6=D6;"SCL Systems AG";WENN(G6=E6;"KHM Logistics GmbH";"Riedl & Partner KG))

Lösung Aufgabe 30: Fehlzeitenstatistik

Lösungsdatei: **Aufgabe 30 (Lösung)**

Lösungsansicht:

Aufgabe 30

Fehlzeitenstatistik

Abteilung	Belegschaft	Anteil an der Gesamtbelegschaft	ø Fehltage Summe pro Monat	ø monatl. Fehltage je Mitarbeiter	ø jährliche Fehltage je Mitarbeiter	Wertung
Personalabteilung	6	2,6%	3,9	0,65	7,80	normal
Buchhaltung	5	2,2%	3,5	0,70	8,40	normal
Finanzabteilung	4	1,7%	2,5	0,63	7,50	normal
Einkauf	14	6,0%	7,5	0,54	6,43	niedrig
Verkauf	15	6,5%	12,1	0,81	9,68	leicht erhöht
Marketing	6	2,6%	8,6	1,43	17,20	deutlich erhöht!!!
Außendienst	12	5,2%	23,7	1,98	23,70	deutlich erhöht!!!
Technik und Entwicklung	21	9,1%	5,4	0,26	3,09	niedrig
Produktion	149	64,2%	113,7	0,76	9,16	leicht erhöht
Gesamt	232	100,0%	180,9	0,78	9,36	leicht erhöht

ø jährliche Fehltage je Mitarbeiter	Wertung
0	niedrig
7	normal
9	leicht erhöht
11	deutlich erhöht!!!

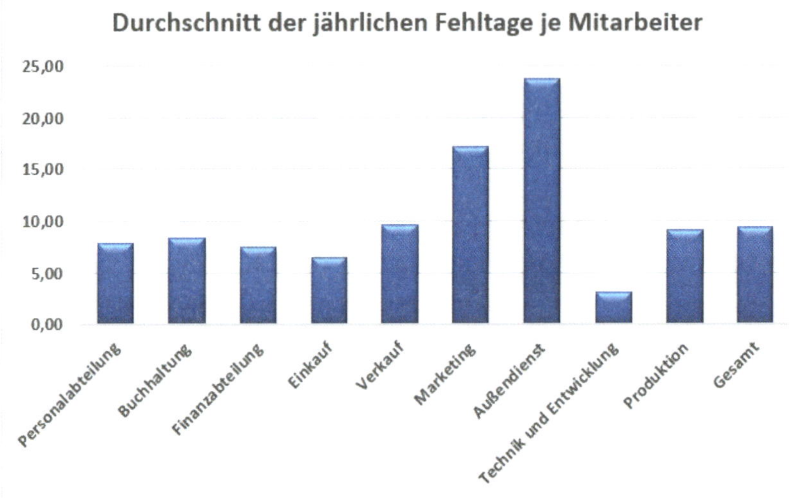

Der Geschäftsführer hatte mit seiner Einschätzung nicht recht. Zwar sind die Fehlzeiten im Produktionsbereich leicht erhöht. Dies hängt aber möglicherweise auch mit den höheren Belastungen der körperlichen Arbeit zusammen. Insgesamt liegen die Fehlzeiten jedoch sogar leicht unter dem Abteilungsdurchschnitt des Unternehmens. Auffällig dagegen sind die außerordentlich hohen Fehlzeiten in den Abteilungen Marketing und Außendienst. Hier sollten Gespräche zwischen der Personalabteilung und dem Betriebsrat mit den dort tätigen Mitarbeitern veranlasst werden. Mögliche Ursachen für erhöhte Fehlzeiten in einzelnen Abteilungen sind z. B. ein schlechtes Betriebsklima, Mobbing, aber auch längere Krankheiten einzelner Mitarbeiter, die die Statistik verfälschen können.